根据教育部新编语文教材要求编写

CLASSIC LITERATURE

新课标必读彩绘系列丛书 中国经典

论语 译注

[春秋]孔子/著　任成琦/译注

海峡出版发行集团
福建人民出版社

图书在版编目(CIP)数据

论语译注 / （春秋）孔子著；任成琦译注.
— 福州：福建人民出版社，2013.10（2018.1重印）
（新课标必读彩绘系列丛书）
ISBN 978-7-211-06758-9
Ⅰ.①论… Ⅱ.①孔… ②任… Ⅲ.①儒家②《论语》
–青年读物③《论语》–少年读物 Ⅳ.① B222.2-49

中国版本图书馆CIP 数据核字(2013) 第158694 号

论语译注
LUNYU YIZHU

作　　者：（春秋）孔子 著　任成琦 译注
责任编辑：林 顶
出版发行：海峡出版发行集团
福建人民出版社　　电　　话：0591-87533169(发行部)
网　　址：http://www.fjpph.com　　电子邮箱：fjpph7211@126. com
地　　址：福州市东水路 76 号　　邮政编码：350001
印　　刷：福建建本文化产业股份有限公司
地　　址：福建省福州市仓山区则徐大道 368 号仓山工业小区 2 号楼一层
开　　本：700 毫米×1000 毫米　1/16
印　　张：14.5
字　　数：167 千字
版　　次：2013 年 10 月第 1 版
印　　次：2018年1月第5次印刷
书　　号：ISBN 978-7-211-06758-9
定　　价：24.80 元

导读

《论语》是孔子弟子及其再传弟子追记孔子言行思想的著作，大约成书于战国初期。《汉书·艺文志》中有云：“《论语》者，孔子应答弟子、时人及弟子相与言而接闻于夫子之语也。当时弟子各有所记，夫子既卒，门人相与辑而论纂，故谓之《论语》。”

秦始皇焚书坑儒，许多古代典籍付之一炬，《论语》未能幸免，几乎失传。汉代经官府搜集整理，曾有三种不同的本子流传，即《古论语》、《齐论语》和《鲁论语》。今本《论语》凡二十篇，篇名取自每篇首章中的前二三字，并无实际意义。每篇包括若干章，共四百八十六章。全文采用语录体，章节简短，每事一段。孔子循循善诱，教诲弟子，或言简意赅，点到即止；或启发论辩，侃侃而谈。语言生动活泼、含蓄隽永，有不少语句已成为格言和成语，如“三人行则必有我师”，“知之为知之，不知为不知，是知也”，“己所不欲，勿施于人”等等。

《论语》善于通过神情语态的描写，展示人物形象。孔子是《论语》描述的中心，“夫子风采，溢于格言”（《文心雕龙·征圣》）；书中不仅有关于他的仪态举止的静态描写，而且有关于他的个性气质的传神刻画。此外，围绕孔子这一中心，《论语》还成功地刻画了一众孔门弟子的形象。如子路的率直鲁莽，颜渊的温雅贤良，子贡的聪颖善辩，曾皙的潇洒脱俗等，个性鲜明，栩栩如生。孔子因材施教，对于不同的对象，考虑其不同的素质、优点和缺点、进德修业的具体情况，给予不同的教诲。表现了诲人不倦的可贵精神。如《颜渊》篇中所述，同是弟子问仁，孔子有不同的回答，答颜渊“克己复礼为仁”，答仲弓“己所不欲，勿施于人”，答司马中“仁者其言也讱”。颜渊学养高深，故答以“仁”学纲领，对仲弓和司马中则答以细目。这不仅是因材施教教育方法的问题，其中还饱含孔子对弟子的高度的责任心。

《论语》内容广博，涉及到政治、教育、礼仪、经济、文学、天道观、认识论等等，反映了孔子伦理体系最基本的思想，这个体系的核心是“仁”，实施“仁”的手段和途径是“礼”。何谓仁？子曰：“克己复礼为仁。一日克己复礼，天下归仁焉。”（《颜渊》）也就是说，只要克制自己，让言行符合礼就是仁德了。一旦做到言行符合礼，天下的人就会赞许你为仁人了。可见“仁”不是先天就有的，而是后天“修身”、“克己”的结果。孔子还提出仁德的外在标准，这便是“刚、毅、木、讷”（《子路》），即刚强、果断、质朴、谦虚。同时他还提出实践仁德的五项标准，这便是“恭、宽、信、敏、惠”（《阳货》），即恭谨、宽厚、信实、勤敏、慈惠。他说，对人恭谨就不会招致侮辱，待人宽厚就会得到大家拥护，交往信实别人就会信任，做事勤敏就会取得成功，给人慈惠就能够很好使唤民众。孔子说能实行这五种美德者，就可算是仁了。

在孔子看来，仁德是做人的根本，是处于第一位的。孔子曰：“弟子入则孝，出则弟，谨而信，泛爱众，而亲仁。行有余力，则以学文。”（《学而》）又曰：“人而不仁，如礼何？人而不仁，如乐何？”（《八佾》）这说明只有在仁德的基础上做学问、学礼乐才有意义。孔子还认为，只有仁德的人才能无私地对待别人，才能得到人们的尊重。子曰：“唯仁者能好人，能恶人。”（《里仁》）“齐景公有马千驷，死之日，民无德而称焉。伯夷、叔齐饿死于首阳之下，民到于今称之。”（《季氏》）充分说明仁德的价值和力量。

《论语》一书，对后世的思想和学术影响至深，在汉代已被视为辅翼《五经》的传或记，汉文帝时列于学官，东汉时被尊为经，从此，《论语》受到历代统治者的推崇，成为言行是非的标准，甚至有“半部《论语》治天下”的赞誉。《论语》在中华民族的道德、文化、心理状态和民族性格的铸造过程中，起到了巨大的作用。

目 录

学而篇　第一

《学而》是《论语》第一篇的篇名。《论语》中各篇一般都是以第一章的前二三个字作为该篇的篇名。《学而》一篇包括十六章，内容涉及诸多方面。其中重点是“吾日三省吾身”；“节用而爱人，使民以时”；“礼之用，和为贵”以及仁、孝、信等道德范畴。

1·1　子[①]曰：“学而时习之，不亦说[②]乎？有朋自远方来，不亦乐乎？人不知而不愠，不亦君子[③]乎？”

注　释 Zhushi

① 子：中国古代对于有地位、有学问的男子的尊称，有时也泛称男子。《论语》中“子曰”的“子”，都是指孔子。

② 说：音 yuè，同“悦”，愉快、高兴的意思。

③ 君子：《论语》书中的君子，有时指有德者，有时指有位者。此处指孔子理想中具有高尚人格的人。

译　文 Yiwen

孔子说：“学了东西又时常温习，不是很愉快吗？有志同道合的人从远方来，不是很令人高兴的吗？人家不了解我，我也不恼怒，不也是志趣高尚的人吗？”

1·2　有子[①]曰：“其为人也孝弟[②]，而好犯上者，鲜矣；不好犯上，而好作乱者，未之有也。君子务本，本立而道[③]生。孝弟也者，其为仁之本[④]与？”

注 释 Zhushi

① 有子：孔子的学生，姓有，名若。在《论语》书中，记载的孔子学生一般都称字，只有曾参和有若称“子”。因此，许多人认为《论语》即由曾参和有若的门徒所编著。

② 孝弟：孝，奴隶社会时期所认为的子女对待父母的正确态度；弟，读音和意义与“悌”（音 tì）相同，即弟弟对待兄长的正确态度。孝、弟是孔子和儒家特别提倡的两个基本道德规范。旧注说：善事父母曰孝，善事兄长曰弟。

③ 道：在中国古代思想里，道有多种含义。此处的道指孔子提倡的仁道，即以仁为核心的整个道德思想体系及其在实际生活的体现。简单讲，就是治国做人的基本原则。

④ 为仁之本：仁是孔子哲学思想的最高范畴，又是伦理道德准则。为仁之本，即以孝悌作为仁的根本。还有一种解释，认为古代的“仁”就是“人”字，为仁之本即做人的根本。

译 文 Yiwen

有子说：“孝顺父母，顺从兄长，而喜好触犯上层统治者，这样的人是很少见的。不喜好触犯统治者，而喜好造反的人是没有的。君子专心致力于根本的事务，根本建立了，治国做人的原则也就有了。孝顺父母、顺从兄长，这就是仁的根本啊！”

1·3　子曰：“巧言令色①，鲜矣仁。”

注 释 Zhushi

① 巧言令色：朱熹注曰：“好其言，善其色，致饰于外，务以说人。”巧和令都是美好的意思。但此处应释为一边花言巧语，一边装出和颜悦色的样子。

译　文 *Yiwen*

孔子说：“花言巧语，装出和颜悦色的样子，这种人的仁心就很少了。”

1·4　曾子①曰：“吾日三省②吾身。为人谋而不忠乎？与朋友交而不信乎？传不习乎？”

注　释 *Zhushi*

① 曾子：曾子姓曾名参（shēn），字子舆，生于公元前505年，鲁国人，是被鲁国灭亡了的鄫国贵族的后代。曾参是孔子的得意门生，以孝子出名。据说《孝经》就是他撰写的。

② 三省：省（xǐng），检查、察看。三省有几种解释：一是三次检查；二是从三个方面检查；三是多次检查。其实，古代在有动作性的动词前加上数字，表示动作频率多，不必认定为三次。

译　文 *Yiwen*

曾子说：“我每天多次反省自己，为别人办事是不是尽心竭力了呢？同朋友交往是不是做到诚实可信了呢？老师传授给我的学业是不是复习了呢？”

1·5　子曰：“道①千乘之国②，敬事而言，节用而爱人③，使民以时。”

注　释 *Zhushi*

① 道：一本作“导”，作动词用。这里是治理的意思。

② 千乘之国：乘，音shèng，意为辆。这里指古代军队的基层单位。每乘拥有四匹马拉的兵车一辆，车上甲士三人，车下步卒七十二人，后勤人员二十五人，共计一百人。千乘之国，指拥有一千辆战车的国家，即诸侯国。春秋时代，战争频仍，所以国家的强弱都用车辆的数目来计算。在孔子时代，千乘之国已经不是大国。

③ 爱人：古代“人”的含义有广义与狭义的区别。广义的“人”，指一切人群；狭义的“人”，仅指士大夫以上各个阶层的人。此处的“人”与“民”相对而言，可见其用法为狭义。

译 文 Yiwen

孔子说：“治理一个拥有一千辆兵车的国家，就要严谨认真地办理国家大事而又恪守信用，诚实无欺，节约财政开支而又爱护官吏臣僚，役使百姓要不误农时。”

1·6 子曰：“弟子[1]入[2]则孝，出[3]则弟，谨而信，汎爱众，而亲仁，行有余力，则以学文[4]。”

注 释 Zhushi

① 弟子：一般有两种意义：一是年纪较小，为人弟和为人子的人；二是指学生。这里是用一种意义上的“弟子”。

② 入：古代时父子分别住在不同的居处，学习则在外舍。《礼记·内则》：“由命士以上，父子皆异宫。”入是入父宫，指进到父亲住处，或说在家。

③ 出：与“入”相对而言，指外出拜师学习。出则弟，是说要尊敬师长，也可泛指年长于自己的人。

④ 文：古代文献。主要有诗、书、礼、乐等文化知识。

译 文 Yiwen

孔子说：“弟子们在父母跟前，就孝顺父母；出门在外，要顺从师长，言行要谨慎，要诚实可信，寡言少语，要广泛地去爱众人，亲近那些有仁德的人。这样躬行实践之后，还有余力的话，就再去学习文献知识。”

1·7 子夏[①]曰:“贤贤[②]易[③]色;事父母能竭其力;事君,能致其身[④];与朋友交,言而有信。虽曰未学,吾必谓之学矣。”

注 释 Zhushi

① 子夏:姓卜,名商,字子夏,孔子的学生,比孔子小四十四岁,生于公元前507年。孔子死后,他在魏国宣传孔子的思想主张。

② 贤贤:第一个“贤”字作动词用,尊重的意思。贤贤即尊重贤者。

③ 易:有两种解释;一是改变的意思,此句即为尊重贤者而改变好色之心;二是轻视的意思,即看重贤德而轻视女色。

④ 致其身:致,意为“献纳”“尽力”。这是说把生命奉献给君主。

译 文 Yiwen

子夏说:“一个人能够看重贤德而不以女色为重;侍奉父母,能够竭尽全力;服侍君主,能够献出自己的生命;同朋友交往,说话诚实恪守信用。这样的人,尽管他自己说没有学习过,我一定说他已经学习过了。”

1·8 子曰:“君子[①],不重则不威;学则不固[②]。主忠信。无友不如己者;过则勿惮改。”

注 释 Zhushi

① 君子:这个词一直贯穿于本段始终,因此这里应当有一个断句。

② 学则不固:有两种解释:一是作坚固解,与上句相连,不庄重就没有威严,所学也不坚固;二是作固陋解,喻人见闻少,学了就可以不固陋。

译 文 Yiwen

孔子说:“君子,不庄重就没有威严;学习可以使人不闭塞;要以忠信为主,不要同与自己不同道的人交朋友;有了过错,就不要怕改正。”

1·9　曾子曰："慎终[1]追远[2]，民德归厚矣。"

注　释 *Zhushi*

① 慎终：人死为终。这里指父母的去世。
② 追远：追思祖先。远，指祖先。

译　文 *Yiwen*

曾子说："谨慎地对待父母的去世，追念久远的祖先，自然会导致老百姓日趋忠厚老实了。"

1·10　子禽[1]问于子贡[2]曰："夫子[3]至于是邦[4]也，必闻其政，求之与，抑与之与？"子贡曰："夫子温、良、恭、俭、让以得之。夫子之求之也，其诸异乎人之求之与？"

注　释 *Zhushi*

① 子禽：姓陈名亢，字子禽。郑玄所注《论语》说他是孔子的学生，但《史记·仲尼弟子列传》未载此人，故一说子禽非孔子学生。
② 子贡：姓端木名赐，字子贡，卫国人，比孔子小31岁，是孔子的学生，生于公元前520年。子贡善辩，孔子认为他可以做大国的宰相。据《史记》记载，子贡在卫国做了商人，家有财产千金，成了有名的商业家。
③夫子：这是古代的一种敬称，凡是做过大夫的人都可以取得这一称谓。孔子曾担任过鲁国的司寇，所以他的学生们称他为"夫子"。后来，因此而沿袭以称呼老师。《论语》书中所说的"夫子"，都是孔子的学生对他的称呼。
④ 邦：指当时割据的诸侯国家。

译　文 *Yiwen*

子禽问子贡说："老师到了一个国家，总是知道这个国家的政事。(这种资格)

是他自己求得呢，还是人家国君主动给他的呢？”子贡说：“老师温良恭俭让，所以才得到这样的资格，（这种资格也可以说是求得的），但他求的方法，或许与别人的求法不同吧？”

1·11　子曰：“父在，观其①志；父没，观其行；三年②无改于父之道，可谓孝矣。”

注 释 Zhushi

① 其：他的，指儿子，不是指父亲。

② 三年：对于古人所说的数字不必过于机械地理解，只是说要经过一个较长的时间而已，不一定仅指三年的时间。

译 文 Yiwen

孔子说：“当他父亲在世的时候（因为他无权独立行动），要观察他的志向；在他父亲死后，要考察他的行为。若是他对他父亲的合理部分长期不加改变，这样的人可以说是尽到孝了。”

1·12　有子曰：“礼①之用，和为贵。先王之道②，斯为美。小大由之，有所不行。知和而和，不以礼节之，亦不可行也。”

注 释 Zhushi

① 礼：在春秋时代，“礼”泛指奴隶社会的典章制度和道德规范。孔子的“礼”，既指“周礼”，礼节、仪式，也指人们的道德规范。

② 先王之道：指尧、舜、禹、汤、文、武，周公等古代帝王的治世之道。

译 文 Yiwen

有子说：“礼的应用，以和谐为贵。古代君主的治国方法，可宝贵的地方就在这里。但不论大事小事只顾按和谐的办法去做，有的时候就行不通。（这是因为）为和谐而和谐，不以礼来节制和谐，也是不可行的。"

1·13　有子曰："信近①于义，言可复②也；恭近于礼，远耻辱也；因③不失其亲，亦可宗也。"

注释 Zhushi

①义：义是儒家的伦理范畴。是指思想和行为符合一定的标准。这个标准就是"礼"。
②复：实践的意思。朱熹《集注》云："复，践言也。"
③因：依靠、凭借。一说，因，应写作"姻"，但从上下文看似有不妥之处。

译文 Yiwen

有子说："讲信用要符合于义，（符合于义的）话才能实行；恭敬要符合于礼，这样才能远离耻辱；所依靠的都是可靠的人，也就值得尊敬了。"

1·14　子曰："君子食无求饱，居无求安，敏于事而慎于言，就①有道②而正③焉，可谓好学也已。"

注释 Zhushi

①就：靠近、看齐。
②有道：指有道德的人。
③正：匡正、端正。

译文 Yiwen

孔子说："君子，饮食不求饱足，居住不要求舒适，对工作勤劳敏捷，说话却小心谨慎，到有道的人那里去匡正自己，这样可以说是好学了。"

1·15　子贡曰："贫而无谄，富而无骄，何如？"子曰："可也。未若贫而乐，富而好礼者也。"子贡曰："《诗》云，'如切如磋！如琢如磨[①]'，其斯之谓与？"子曰："赐[②]也！始可与言《诗》已矣，告诸往而知来者。"

注　释 *Zhushi*

① 如切如磋，如琢如磨：此二句见《诗经·卫风·淇澳》。有两种解释：一说切磋琢磨分别指对骨、象牙、玉、石四种不同材料的加工，否则不能成器；一说加工象牙和骨，切了还要磋，加工玉石，琢了还要磨，有精益求精之意。

② 赐：子贡名，孔子对学生都称其名。

译　文 *Yiwen*

子贡说："贫穷而能不谄媚，富有而能不骄傲自大，怎么样？"孔子说："这也算可以了。但是还不如虽贫穷却乐于道，虽富裕而又好礼之人。"子贡说："《诗》上说，'要像对待骨、角、象牙、玉石一样，切磋它，琢磨它'，就是讲的这个意思吧？"孔子说："赐呀，你能从我已经讲过的话中领会到我还没有说到的意思，举一反三，我可以同你谈论《诗》了。"

1·16　子曰："不患人[②]之不己知，患不知人也。"

注　释 *Zhushi*

① 人：指有教养、有知识的人，而非民。

译　文 *Yiwen*

孔子说："不怕别人不了解自己，只怕自己不了解别人。"

为政篇　第二

《为政》篇包括二十四章。本篇主要内容涉及孔子"为政以德"的思想、如何谋求官职和从政为官的基本原则、学习与思考的关系、孔子本人学习和修养的过程、温故而知新的学习方法，以及对孝、悌等道德范畴的进一步阐述。

2·1　子曰："为政以德，譬如北辰，居其所而众星共之。"

译　文 *Yiwen*

孔子说："（周君）以道德教化来治理政事，就会像北极星那样，自己居于一定的方位，而群星都会环绕在它的周围。"

2·2　子曰："《诗》三百①，一言以蔽②之，曰：'思无邪③。'"

注　释 *Zhushi*

① 《诗》三百：《诗》，指《诗经》一书，此书实有三百〇五篇，三百只是举其整数。

② 蔽：概括的意思。

③ 思无邪：此为《诗经·鲁颂》上的一句，此处的"思"作思想解。无邪，一解为"纯正"，一解为"直"，后者较妥。

译　文 *Yiwen*

孔子说："《诗经》三百篇，可以用一句话来概括它，就是'思想纯正'。"

2·3　子曰："道之以政，齐之以刑，民免而无耻，道之以德，齐之以礼，有耻且格[1]。"

注 释 *Zhushi*

① 格：有两种解释：一为"至"；二为"正"。

译 文 *Yiwen*

孔子说："用法制禁令去引导百姓，使用刑法来约束他们，老百姓只是求得免于犯罪受惩，却失去了廉耻之心；用道德教化引导百姓，使用礼制去统一百姓的言行，百姓不仅会有羞耻之心，而且也就守规矩了。"

2·4　子曰："吾十有[1]五而志于学，三十而立[2]，四十而不惑[3]，五十而知天命[4]，六十而耳顺[5]，七十而从心所欲不逾矩[6]。"

注 释 *Zhushi*

① 有：同"又"。
② 立：站得住的意思。
③ 不惑：掌握了知识，不被外界所迷惑。
④ 天命：指不能为人力所支配的事情。
⑤ 耳顺：对此有多种解释。一般而言，指对那些于己不利的意见也能正确对待。
⑥ 从心所欲不逾矩：从，遵从的意思；逾，越过；矩，规矩。

译 文 *Yiwen*

孔子说："我十五岁立志于学习；三十岁能够自立；四十岁能不被外界所迷惑；五十岁懂得了天命；六十岁能正确对待各种言论，不觉得不顺；七十岁能随心所欲而不越出规矩。"

2·5　孟懿子[①]问孝，子曰："无违。"樊迟[②]御，子告之曰："孟孙[③]问孝于我，我对曰无违。"樊迟曰："何谓也。"子曰："生，事之以礼；死，葬之以礼，祭之以礼。"

注　释 *Zhushi*

① 孟懿子：鲁国的大夫，三家之一，姓仲孙，名何忌，"懿"是谥号。其父临终前要他向孔子学礼。

② 樊迟：姓樊名须，字子迟。孔子的弟子，比孔子小 46 岁。他曾和冉求一起帮助季康子进行革新。

③ 孟孙：指孟懿子。

译　文 *Yiwen*

孟懿子问什么是孝，孔子说："孝就是不要违背礼。"后来樊迟给孔子驾车，孔子告诉他："孟孙问我什么是孝，我回答他说不要违背礼。"樊迟说："不要违背礼是什么意思呢？"孔子说："父母活着的时候，要按礼侍奉他们；父母去世后，要按礼埋葬他们、祭祀他们。"

2·6　孟武伯[①]问孝，子曰："父母唯其疾之忧。"

注　释 *Zhushi*

① 孟武伯：孟懿子的儿子，名彘。武是他的谥号。

译　文 *Yiwen*

孟武伯向孔子请教孝道。孔子说："对父母，要特别为他们的疾病担忧。（这样做就可以算是尽孝了。）"

2·7　子游[①]问孝，子曰："今之孝者，是谓能养。至于犬马，皆能有养，不敬，何以别乎？”

注 释 Zhushi

① 子游：姓言名偃，字子游，吴人，比孔子小45岁。

译 文 Yiwen

子游问什么是孝，孔子说：“如今所谓的孝，只是说能够赡养父母便足够了。然而，就是犬马都能够得到饲养。如果不存心孝敬父母，那么赡养父母与饲养犬马又有什么区别呢？”

2·8 子夏问孝，子曰：“色难①。有事，弟子服其劳②；有酒食，先生③馔，曾是以为孝乎？”

注 释 Zhushi

① 色难：色，脸色。难，不容易的意思。
② 服劳：服，从事、担负。服劳即服侍。
③ 先生：先生指长者或父母；前面说的弟子，指晚辈、儿女等。

译 文 Yiwen

子夏问什么是孝，孔子说：“（当子女的要尽到孝），最不容易的就是对父母和颜悦色，仅仅是有了事情，儿女需要替父母去做，有了酒饭，让父母吃，难道能认为这样就可以算是孝了吗？”

2·9 子曰：“吾与回①言，终日不违②，如愚。退而省其私③，亦足以发，回也不愚。”

注 释 *Zhushi*

① 回：姓颜名回，字子渊，生于公元前521年，比孔子小30岁，鲁国人，孔子的得意门生。

② 不违：不提相反的意见和问题。

③ 退而省其私：考察颜回私下里与其他学生讨论学问的言行。

译 文 *Yiwen*

孔子说："我整天给颜回讲学，他从来不提反对意见和疑问，像个蠢人。等他退下之后，我考察他私下的言论，发现他对我所讲授的内容有所发挥，可见颜回其实并不蠢。"

2·10 子曰："视其所以，观其所由，察其所安，人焉廋哉？人焉廋哉？"

译 文 *Yiwen*

孔子说："（要了解一个人），应看他言行的动机，观察他所走的道路，考察他安心干什么，这样，这个人怎样能隐藏得了呢？这个人怎样能隐藏得了呢？"

2·11 子曰："温故而知新①，可以为师矣。"

注 释 *Zhushi*

① 温故而知新：故，已经过去的。新，刚刚学到的知识。

译 文 *Yiwen*

孔子说："在温习旧知识时，能有新体会、新发现，就可以当老师了。"

2·12　子曰："君子不器①。"

注　释 Zhushi

① 器：器具。

译　文 Yiwen

孔子说："君子不像器具那样（只有某一方面的用途）。"

2·13　子贡问君子。子曰："先行其言而后从之。"

译　文 Yiwen

子贡问怎样做一个君子。孔子说："对于你要说的话，先实行了，再说出来，（这就够说是一个君子了）。"

2·14　子曰："君子周①而不比②，小人③比而不周。"

注　释 Zhushi

① 周：合群。
② 比：音 bì，勾结。
③ 小人：没有道德修养的凡人。

译　文 Yiwen

孔子说："君子合群而不与人勾结，小人与人勾结而不合群。"

2·15　子曰："学而不思则罔①，思而不学则殆②。"

注　释 Zhushi

① 罔：迷惑、糊涂。
② 殆：困倦。

译　文 *Yiwen*

孔子说："只读书学习，而不思考问题，就会惘然无知而没有收获；只空想而不读书学习，就会脑力困倦（也没有收获）。"

2·16　子曰："攻[①]乎异端[②]，斯害也已。"

注　释 *Zhushi*

① 攻：攻击。有人将"攻"解释为"治"。不妥。
② 异端：不正确的言论。另外、不同的一端。

译　文 *Yiwen*

孔子说："攻击那些不正确的言论，祸害就可以消除了。"

2·17　子曰："由[①]，诲女[②]，知之乎？知之为知之，不知为不知，是知也。"

注　释 *Zhushi*

① 由：姓仲名由，字子路。生于公元前542年，孔子的学生，长期追随孔子。
② 女：同"汝"，你。

译　文 *Yiwen*

孔子说："由，我教给你怎样做的话，你明白了吗？知道的就是知道，不知道就是不知道，这就是智慧啊！"

2·18　子张[①]学干禄[②]，子曰："多闻阙疑，慎言其余，则寡尤[③]；多见阙殆，慎行其余，则寡悔。言寡尤，行寡悔，禄在其中矣。"

注 释 Zhushi

① 子张：姓颛孙名师，字子张，生于公元前503年，比孔子小48岁，孔子的学生。
② 干禄：干，求的意思。禄，即古代官吏的俸禄。干禄就是求取官职。
③ 寡尤：寡，少的意思。尤，过错。

译 文 Yiwen

子张要学谋取官职的办法。孔子说："要多听，有怀疑的地方先放在一旁不说，其余有把握的，也要谨慎地说出来，这样就可以少犯错误；要多看，有怀疑的地方先放在一旁不做，其余有握的，也要谨慎地去做，就能减少后悔。说话少过失，做事少后悔，官职俸禄就在这里了。"

2·19 哀公①问曰："何为则民服？"孔子对曰②："举直错诸枉③，则民服；举枉错诸直，则民不服。"

注 释 Zhushi

① 哀公：姓姬名蒋，哀是其谥号，鲁国国君，公元前494—前468年在位。
② 对曰：《论语》中记载对国君及在上位者问话的回答都用"对曰"，以表示尊敬。
③ 举直错诸枉：举，选拔的意思。直，正直公平。错，同措，放置。枉，不正直。

译 文 Yiwen

鲁哀公问："怎样才能使百姓服从呢？"孔子回答说："把正直无私的人提拔起来，把邪恶不正的人置于一旁，老百姓就会服从了；把邪恶不正的人提拔起来，把正直无私的人置于一旁，老百姓就不会服从统治了。"

2·20 季康子①问："使民敬、忠以劝，如之何？"子曰："临②之以庄，则敬；孝慈③，则忠；举善而教不能，则劝。"

注释 Zhushi

① 季康子：姓季孙名肥，康是他的谥号，鲁哀公时任正卿，是当时政治上最有权势的人。

② 临：对待。

③ 孝慈：一说当政者自己孝慈；一说当政者引导老百姓孝慈。此处采用后者。

译文 Yiwen

季康子问道："要使老百姓对当政的人尊敬、尽忠而努力干活，该怎样去做呢？"孔子说："你用庄重的态度对待老百姓，他们就会尊敬你；你对父母孝顺、对子弟慈祥，百姓就会尽忠于你；你选用善良的人，又教育能力差的人，百姓就会互相勉励，加倍努力了。"

2·21　或①谓孔子曰："子奚不为政？"子曰："《书》②云：'孝乎惟孝，友于兄弟。'施于有政，是亦为政，奚其为为政？"

注　释 Zhushi

① 或：有人。不定代词。

② 《书》：指《尚书》。

译　文 Yiwen

有人对孔子说："你什么不从事政治呢？"孔子回答说："《尚书》上说，'孝就是孝敬父母，友爱兄弟。'把这孝悌的道理施于政事，也就是从事政治，又要怎样才能算是为政呢？"

2·22　子曰："人而无信，不知其可也。大车无輗①，小车无軏②，其何以行之哉？"

注　释 Zhushi

① 輗：音 ní，古代大车车辕前面横木上的木销子。大车指的是牛车。

② 軏：音 yuè，古代小车车辕前面横木上的木销子。没有輗和軏，车就不能走。

译　文 Yiwen

孔子说："一个人不讲信用，是根本不可以的。就好像大车没有輗、小车没有軏一样，它靠什么行走呢？"

2·23　子张问："十世①可知也？"子曰：殷因②于夏礼，所损益③可知也；周因于殷礼，所损益可知也。其或继周者，虽百世，可知也。"

注　释 Zhushi

① 世：古时称三十年为一世。也有的把"世"解释为朝代。

② 因：因袭：沿用、继承。

③ 损益：减少和增加，即优化、变动之义。

译文 *Yiwen*

子张问孔子："今后十世（的礼仪制度）可以预先知道吗？"孔子回答说："商朝继承了夏朝的礼仪制度，所减少和所增加的内容是可以知道的；周朝又继承商朝的礼仪制度，所废除的和所增加的内容也是可以知道的。将来有继承周朝的，就是一百世以后的情况，也是可以预先知道的。"

2·24　子曰："非其鬼①而祭之，谄也；见义不为，无勇也。"

注释 *Zhushi*

① 鬼：有两种解释：一是指鬼神，二是指死去的祖先。这里泛指鬼神。

译文 *Yiwen*

孔子说："不是你应该祭的鬼神，你却去祭它，这就是谄媚。见到应该挺身而出的事情，却袖手旁观，就是怯懦。"

八佾篇　第三

《八佾》篇包括二十六章。本篇主要内容涉及“礼”的问题，主张维护礼在制度上、礼节上的种种规定；孔子提出“绘事后素”的命题，表达了他的伦理思想以及“君使臣以礼，臣事君以忠”的政治道德主张。

3·1　孔子谓季氏[1]：“八佾[2]舞于庭，是可忍[3]，孰不可忍也！”

注　释 Zhushi

① 季氏：鲁国正卿季孙氏，即季平子。

② 八佾：佾音 yì，行列的意思。古时一佾八人，八佾就是六十四人，据《周礼》规定，只有周天子才可以使用八佾，诸侯为六佾，卿大夫为四佾，士用二佾。季氏是正卿，只能用四佾。

③ 可忍：可以忍心。一说可以容忍。

译　文 Yiwen

孔子谈到季氏，说：“他用六十四人在自己的庭院中奏乐舞蹈，这样的事他都忍心去做，还有什么事情不可狠心做出来呢？”

3·2　三家[1]者以《雍》[2]彻。子曰：“‘相维辟公，天子穆穆[3]’，奚取于三家之堂[4]？”

注　释 Zhushi

① 三家：鲁国当政的三家：孟孙氏、叔孙氏、季孙氏。他们都是鲁桓公的后代，又称“三桓”。

② 《雍》：《诗经·周颂》中的一篇。古代天子祭宗庙完毕撤去祭品时唱这首诗。

③ 相维辟公，天子穆穆：《雍》诗中的两句。相，助。维，语助词，无意义。辟公，指诸侯。穆穆：庄严肃穆。

④ 堂：接客祭祖的地方。

译 文 *Yiwen*

孟孙氏、叔孙氏、季孙氏三家在祭祖完毕撤去祭品时，也命乐工唱《雍》这篇诗。孔子说：“（《雍》诗上这两句）‘助祭的是诸侯，天子严肃静穆地在那里主祭’，这样的意思，怎么能用在你三家的庙堂里呢？”

3·3　子曰：“人而不仁，如礼何？人而不仁，如乐何？”

译 文 *Yiwen*

孔子说：“一个人没有仁德，他怎么能实行礼呢？一个人没有仁德，他怎么能运用乐呢？”

3·4　林放①问礼之本。子曰：“大哉问！礼，与其奢也，宁俭；丧，与其易②也，宁戚③。”

注 释 *Zhushi*

① 林放：鲁国人。

② 易：治理。这里指有关丧葬的礼节仪式办理得很周到。一说谦和、平易。

③ 戚：心中悲哀的意思。

译 文 *Yiwen*

林放问什么是礼的根本。孔子回答说：“你问的问题意义重大，就礼节仪式的一般情况而言，与其奢侈，不如节俭；就丧事而言，与其仪式上治办周备，不如内心真正哀伤。”

3·5 子曰：“夷狄[①]之有君，不如诸夏[②]之亡[③]也。”

注 释 *Zhushi*

① 夷狄：古代中原地区的人对周边地区的贬称，谓之不开化，缺乏教养，不知书达礼。
② 诸夏：古代中原地区华夏族的自称。
③ 亡：同无。古书中的“无”字多写作“亡”。

译 文 *Yiwen*

孔子说：“夷狄（文化落后）虽然有君主，还不如中原诸国没有君主呢。”

3·6 季氏旅[①]于泰山，子谓冉有[②]曰：“女弗能救与？”对曰：“不能。”子曰：“呜呼！曾谓泰山不如林放乎？”

注 释 *Zhushi*

① 旅：祭名。祭祀山川为旅。当时，只有天子和诸侯才有祭祀名山大川的资格。
② 冉有：姓冉名求，字子有，生于公元前522年，孔子的弟子，比孔子小29岁。当时是季氏的家臣，所以孔子责备他。

译 文 *Yiwen*

季孙氏去祭祀泰山。孔子对冉有说：“你难道不能劝阻他吗？”冉有说：“不能。”孔子说：“唉！难道说泰山神还不如林放知礼吗？”

3·7 子曰：“君子无所争，必也，射[①]乎！揖让而升，下而饮，其争也君子。”

注　释 *Zhushi*

① 射：原意为射箭。此处指古代的射礼。

译　文 *Yiwen*

孔子说："君子没有什么可与别人争的事情。如果有的话，那就是射箭比赛了。比赛时，先相互作揖谦让，然后上场。射完后，又相互作揖再退下来，然后登堂喝酒。这就是君子之争。"

3·8　子夏问曰："'巧笑倩兮，美目盼兮，素以为绚兮①'，何谓也？"子曰："绘事后素②。"曰："礼后乎？"子曰："起予者商也③，始可与言诗已矣。"

注　释 *Zhushi*

① 巧笑倩兮，美目盼兮，素以为绚兮：前两句见《诗经·卫风·硕人》篇。倩，笑得好看。兮，语助词，相当于"啊"。盼：眼睛黑白分明。绚，有文采。

② 绘事后素：绘，画。素，白底。

③ 起予者商也：起，启发。予，我，孔子自指。商，子夏名商。

译　文 *Yiwen*

子夏问孔子："'笑得真好看啊，美丽的眼睛真明亮啊，用素粉来打扮啊。'这几句话是什么意思呢？"孔子说："这是说先有白底然后画画。"子夏又问："那么，是不是说礼也是后起的事呢？"孔子说："商，你真是能启发我的人，现在可以同你讨论《诗经》了。"

3·9　子曰："夏礼吾能言之，杞①不足徵②也；殷礼吾能言之，宋③不足徵也。文献④不足故也。足，则吾能徵之矣。"

注 释 Zhushi

① 杞：春秋时国名，是夏禹的后裔。在今河南杞县一带。
② 徵：证明。
③ 宋：春秋时国名，是商汤的后裔，在今河南商丘一带。
④ 文献：文，指历史典籍；献，指贤人。

译 文 Yiwen

孔子说："夏朝的礼，我能说出来，（但是它的后代）杞国不足以证明我的话；殷朝的礼，我能说出来，（但它的后代）宋国不足以证明我的话。这都是由于文字资料和熟悉夏礼和殷礼的人不足的缘故。如果足够的话，我就可以得到证明了。"

3·10 子曰："禘[①]自既灌[②]而往者，吾不欲观之矣[③]。"

注 释 Zhushi

① 禘：音 dì，古代只有天子才可以举行的祭祀祖先的非常隆重的典礼。
② 灌：禘礼中第一次献酒。
③ 吾不欲观之矣：我不愿意看了。

译 文 Yiwen

孔子说："对于行禘礼的仪式，从第一次献酒以后，我就不愿意看了。"

3·11 或问禘之说[①]，子曰："不知也。知其说者之于天下也，其如示诸斯[②]乎！"指其掌。

注 释 Zhushi

① 禘之说：关于禘祭的规定。说，理论、道理、规定。
② 示诸斯："斯"指的后面的"掌"字。示诸斯，意思是把手掌拿出来作为比喻。

译 文 Yiwen

有人问孔子关于举行禘祭的规定。孔子说："我不知道。知道这种规定的人，对治理天下的事，就会像把这东西摆在这里一样（容易）吧！"（一面说一面）指着他的手掌。

3·12 祭如在，祭神如神在。子曰："吾不与祭，如不祭。"

译 文 Yiwen

祭祀祖先就像祖先真在面前，祭神就像神真在面前。孔子说：“我如果不亲自参加祭祀，那就和没有举行祭祀一样。”

3·13　王孙贾①问曰：“与其媚于奥②，宁媚于灶③，何谓也？”子曰：“不然。获罪于天④，无所祷也。”

注 释 Zhushi

① 王孙贾：卫灵公的大臣，时任大夫。
② 奥：这里指屋内位居西南角的神。
③ 灶：这里指灶旁管烹饪做饭的神。
④ 天：以天喻君，一说天即理。

译 文 Yiwen

王孙贾问道：“（人家都说）与其奉承奥神，不如奉承灶神。这话是什么意思？”孔子说：“不是这样的。如果得罪了天，那就没有地方可以祷告了。”

3·14　子曰：“周监①于二代②，郁郁③乎文哉，吾从周。”

注 释 Zhushi

① 监：音 jiàn，同鉴，借鉴的意思。
② 二代：这里指夏代和周代。
③ 郁郁：文采盛貌。丰富、浓郁之意。

译 文 Yiwen

孔子说：“周朝的礼仪制度借鉴于夏、商二代，是多么丰富多彩啊。我遵从周朝的制度。”

3·15　子入太庙①，每事问。或曰："孰谓鄹人之子②知礼乎？入太庙，每事问。"子闻之，曰："是礼也。"

注　释 Zhushi

① 太庙：君主的祖庙。鲁国太庙，即周公旦的庙，供鲁国祭祀周公。

② 鄹：音zōu，春秋时鲁国地名，又写作"陬"，在今山东曲阜附近。"鄹人之子"指孔子。

译　文 Yiwen

孔子到了太庙，每件事都要问。有人说："谁说此人懂得礼呀，他到了太庙里，什么事都要问别人。"孔子听到此话后说："这就是礼呀！"

3·16　子曰："射不主皮①，为力不同科②，古之道也。"

注　释 Zhushi

① 皮：皮，用善皮做成的箭靶子。

② 科：等级。

译　文 Yiwen

孔子说："比赛射箭，不在于穿透靶子，因为各人的力气大小不同。自古以来就是这样。"

3·17　子贡欲去告朔①之饩羊②。子曰："赐也！尔爱其羊，我爱其礼。"

注　释 Zhushi

① 告朔：朔，农历每月初一为朔日。告朔，古代制度，天子每年秋冬之际，把

第二年的历书颁发给诸侯，告知每个月的初一日。

② 饩羊：饩，音 xì。饩羊，祭祀用的活羊。

译 文 *Yiwen*

子贡提出去掉每月初一日告祭祖庙用的活羊。孔子说："赐，你爱惜那只羊，我却爱惜那种礼。"

3·18 子曰："事君尽礼，人以为谄也。"

译 文 *Yiwen*

孔子说："我完完全全按照周礼的规定去事奉君主，别人却以为这是谄媚呢。"

3·19 定公[1]问："君使臣，臣事君，如之何？"孔子对曰："君使臣以礼，臣事君以忠。"

注 释 *Zhushi*

① 定公：鲁国国君，姓姬名宋，定是谥号。公元前 509—前 495 年在位。

译 文 *Yiwen*

鲁定公问孔子："君主怎样使唤臣下，臣子怎样侍奉君主呢？"孔子回答说："君主应该按照礼的要求去使唤臣子，臣子应该以忠来侍奉君主。"

3·20 子曰："《关雎》[1]，乐而不淫，哀而不伤。"

注 释 *Zhushi*

① 《关雎》：雎，音 jū。这是《诗经》的第一篇。此篇写一君子"追求"淑女，思念时辗转反侧，寤寐思之的忧思，以及结婚时钟鼓乐之琴瑟友之的欢乐。

译 文 *Yiwen*

孔子说："《关雎》这篇诗，快乐而不放荡，忧愁而不哀伤。"

3·21　哀公问社[1]于宰我，宰我[2]对曰："夏后氏以松，殷人以柏，周人以栗，曰：使民战栗。"子闻之，曰："成事不说，遂事不谏，既往不咎。"

注 释 *Zhushi*

① 社：土地神，祭祀土神的庙也称社。
② 宰我：名予，字子我，孔子的学生。

译 文 *Yiwen*

鲁哀公问宰我，土地神的神主应该用什么树木，宰我回答："夏朝用松树，商朝用柏树，周朝用栗子树。用栗子树的意思是说：使老百姓战栗。"孔子听到后说："已经做过的事不用提了，已经完成的事不用再去劝阻了，已经过去的事也不必再追究了。"

3·22　子曰："管仲[1]之器小哉！"或曰："管仲俭乎？"曰："管氏有三归[2]，官事不摄[3]，焉得俭？""然则管仲知礼乎？"曰："邦君树塞门[4]，管氏亦树塞门；邦君为两君之好有反坫[5]，管氏亦有反坫。管氏而知礼，孰不知礼？"

注 释 *Zhushi*

① 管仲：姓管名夷吾，齐国人，春秋时期的法家先驱。齐桓公的宰相，辅助齐桓公成为诸侯的霸主。公元前645年死。
② 三归：相传是三处藏钱币的府库。
③ 摄：兼任。

④ 树塞门：树，树立。塞门，在大门口筑的一道短墙，以别内外，相当于屏风、照壁等。

⑤ 反坫：坫，音 diàn。古代君主招待别国国君时，放置献过酒的空杯子的土台。

译 文 Yiwen

孔子说："管仲这个人的器量真是狭小呀！"有人说："管仲节俭吗？"孔子说："他有三处豪华的藏金府库，他家里的管事也是一人一职而不兼任，怎么谈得上节俭呢？"那人又问："那么管仲知礼吗？"孔子回答："国君大门口设立照壁，管仲在大门口也设立照壁。国君同别国国君举行会见时在堂上有放空酒杯的设备，管仲也有这样的设备。如果说管仲知礼，那么还有谁不知礼呢？"

3·23　子语[①]鲁大师[②]乐，曰："乐其可知也：始作，翕如也；从[③]之，纯如也，皦[④]如也，绎[⑤]如也，以成。"

注 释 Zhushi

① 语：音 yù，告诉，动词用法。

② 大师：大，音 tài。大师是乐官名。

③ 从：音 zòng，意为放纵、展开。

④ 皦：音 jiǎo，音节分明。

⑤ 绎：连续不断。

译 文 Yiwen

孔子对鲁国乐官谈论演奏音乐的道理说："奏乐的道理是可以知道的：开始演奏，各种乐器合奏，声音繁美；继续展开下去，悠扬悦耳，音节分明，连续不断，最后完成。"

3·24　仪封人[①]请见，曰：“君子之至于斯也，吾未尝不得见也。”从者见之[②]。出曰：“二三子何患于丧[③]乎？天下之无道也久矣，天将以夫子为木铎[④]。”

注　释 *Zhushi*

① 仪封人：仪为地名，在今河南兰考县境内。封人，系镇守边疆的官。

② 从者见之：随行的人见了他。

③ 丧：失去，这里指失去官职。

④ 木铎：木舌的铜铃。古代天子发布政令时摇它以召集听众。

译　文 *Yiwen*

仪这个地方的长官请求见孔子，他说：“凡是君子到这里来，我从没有见不到的。”孔子的随从学生引他去见了孔子。他出来后（对孔子的学生们）说：“你们几位何必为没有官位而发愁呢？天下无道已经很久了，上天将以孔夫子为圣人来号令天下。”

3·25　子谓《韶》[①]：“尽美[②]矣，又尽善[③]也。”谓《武》[④]：“尽美矣，未尽善也。”

注　释 *Zhushi*

① 《韶》：相传是古代歌颂虞舜的一种乐舞。

② 美：指乐曲的音调、舞蹈的形式而言。

③ 善：指乐舞的思想内容而言的。

④ 《武》：相传是歌颂周武王的一种乐舞。

译 文 *Yiwen*

孔子讲到《韶》这一乐舞时说："艺术形式美极了，内容也很好。"谈到《武》这一乐舞时说："艺术形式很美，但内容却差一些。"

3·26　子曰："居上不宽，为礼不敬，临丧不哀，吾何以观之哉？"

译 文 *Yiwen*

孔子说："居于执政地位的人，不能宽厚待人，行礼的时候不严肃，参加丧礼时也不悲哀，这种情况我怎么能看得下去呢？"

里仁篇　第四

本篇包括二十六章，主要内容涉及义与利的关系问题、个人的道德修养问题、孝敬父母的问题以及君子与小人的区别。这一篇包括了儒家的若干重要范畴、原则和理论，这些对后世都产生过较大影响。

4·1　子曰："里仁为美[1]，择不处[2]仁，焉得知[3]？"

注　释 *Zhushi*

① 里仁为美：里，住处，借作动词用。住在有仁者的地方才好。

② 处：居住。

③ 知：音 zhì，同智。

译　文 *Yiwen*

孔子说："跟有仁德的人住在一起，才是好的。如果你选择的住处不是跟有仁德的人在一起，怎么能说你是明智的呢？"

4·2　子曰："不仁者不可以久处约[1]，不可以长处乐。仁者安仁[2]，知者利仁。"

注　释 *Zhushi*

① 约：穷困、困窘。

② 安仁、利仁：安仁是安于仁道；利仁，认为仁有利自己才去行仁。

译 文 Yiwen

孔子说："没有仁德的人不能长久地处在贫困中，也不能长久地处在安乐中。仁人是安于仁道的，有智慧的人则是知道仁对自己有利才去行仁的。"

4·3 子曰："唯仁者能好[①]人，能恶[②]人。"

注 释 Zhushi

① 好：音 hào，喜爱的意思。作动词。

② 恶：音 wù，憎恶、讨厌。作动词。

译 文 Yiwen

孔子说："只有那些有仁德的人，才能爱人和恨人。"

4·4 子曰："苟志于仁矣，无恶也。"

译 文 Yiwen

孔子说："如果立志于仁，就不会做坏事了。"

4·5 子曰："富与贵，是人之所欲也，不以其道得之，不处也；贫与贱，是人之所恶也，不以其道得之，不去也。君子去仁，恶乎成名？君子无终食之间违仁，造次必于是，颠沛必于是。"

译 文 Yiwen

孔子说："富裕和显贵是人人都想要得到的，但不用正当的方法得到它，就不会去享受的；贫穷与低贱是人人都厌恶的，但不用正当的方法去摆脱它，就不会摆脱的。君子如果离开了仁德，又怎么能叫君子呢？君子没有一顿饭的时间背离仁德的，就是在最紧迫的时刻也必须按照仁德办事，就是在颠沛流离的时候，也一定会按仁德去办事的。"

4·6　子曰："我未见好仁者，恶不仁者。好仁者，无以尚之；恶不仁者，其为仁矣，不使不仁者加乎其身。有能一日用其力于仁矣乎？我未见力不足者。盖有之矣，我未之见也。"

译　文 *Yiwen*

孔子说："我没有见过爱好仁德的人，也没有见过厌恶不仁的人。爱好仁德的人，是不能再好的了；厌恶不仁的人，在实行仁德的时候，不让不仁德的人影响自己。有能一天把自己的力量用在实行仁德上吗？我还没有看见力量不够的。这种人可能还是有的，但我没见过。"

4·7　子曰："人之过也，各于其党。观过，斯知仁矣。"

译　文 *Yiwen*

孔子说："人们的错误，总是与他那个集团的人所犯错误性质是一样的。所以，考察一个人所犯的错误，就可以知道他没有仁德了。"

4·8　子曰："朝闻道，夕死可矣。"

译　文 *Yiwen*

孔子说："早晨得知了道，就是当天晚上死去也心甘。"

4·9　子曰："士志于道，而耻恶衣恶食者，未足与议也。"

译　文 *Yiwen*

孔子说："士有志于（学习和实行圣人的）道理，但又以自己吃穿得不好为耻辱，对这种人，是不值得与他谈论道的。"

4·10　子曰："君子之于天下也，无适①也，无莫②也，义③之与比④。"

注释 Zhushi

①适：音 dí，意为亲近、厚待。
②莫：疏远、冷淡。
③义：适宜、妥当。
④比：亲近、相近、靠近。

译文 Yiwen

孔子说："君子对于天下的人和事，没有固定的厚薄亲疏，只是按照适当的方法去做。"

4·11 子曰："君子怀[①]德，小人怀土[②]；君子怀刑[③]，小人怀惠。"

注释 Zhushi

①怀：思念。
②土：乡土。
③刑：法制惩罚。

译文 Yiwen

孔子说："君子思念的是道德，小人思念的是乡土；君子想的是法制，小人想的是恩惠。"

4·12 子曰："放[①]于利而行，多怨。"

注释 Zhushi

①放：音 fǎng，同仿，效法，引申为追求。

译 文 Yiwen

孔子说："为追求利益而行动，就会招致更多的怨恨。"

4·13 子曰："能以礼让为国乎，何有[①]？不能以礼让为国，如礼何？"

注 释 Zhushi

① 何有：全意为"何难之有"，即不难的意思。

译 文 Yiwen

孔子说："能够用礼让原则来治理国家，那还有什么困难呢？不能用礼让原则来治理国家，怎么能实行礼呢？"

4·14　子曰：“不患无位，患所以立；不患莫己知，求为可知也。”

译　文 Yiwen

孔子说：“不怕没有官位，就怕自己没有学到赖以站得住脚的东西。不怕没有人知道自己，只求自己成为有真才实学值得为人们知道的人。”

4·15　子曰：“参乎，吾道一以贯之。”曾子曰：“唯。”子出，门人问曰：“何谓也？”曾子曰：“夫子之道，忠恕而已矣。”

译　文 Yiwen

孔子说：“参啊，我讲的道是由一个基本的思想贯彻始终的。”曾子说：“是。”孔子出去之后，同学便问曾子：“这是什么意思？”曾子说：“老师的道，就是忠恕罢了。”

4·16　子曰：“君子喻于义，小人喻于利。”

译　文 Yiwen

孔子说：“君子明白大义，小人只知道小利。”

4·17　子曰：“见贤思齐焉，见不贤而内自省也。”

译　文 Yiwen

孔子说：“见到贤人，就应该向他学习、看齐，见到不贤的人，就应该自我反省（自己有没有与他相类似的错误）。”

4·18　子曰：“事父母几[①]谏，见志不从，又敬不违，劳[②]而不怨。”

注释 Zhushi

① 几：音 jī，轻微、婉转的意思。
② 劳：忧愁、烦劳的意思。

译文 Yiwen

孔子说："事奉父母，（如果父母有不对的地方），要委婉地劝说他们。（自己的意见表达了），见父母心里不愿听从，还是要对他们恭恭敬敬，并不违抗，替他们操劳而不怨恨。"

4·19 子曰："父母在，不远游[①]，游必有方[②]。"

注释 Zhushi

① 游：指游学、游官、经商等外出活动。
② 方：一定的地方。

译文 Yiwen

孔子说："父母在世，不远离家乡；如果不得已要出远门，也必须有一定的地方。"

4·20 子曰："三年无改于父之道，可谓孝矣。"[①]

注释 Zhushi

① 本章内容见于《学而篇》第一之第十一章，此处略。

4·21 子曰："父母之年，不可不知也。一则以喜，一则以惧。"

译文 Yiwen

孔子说："父母的年纪，不可不知道并且常常记在心里。一方面为他们的长寿而高兴，一方面又为他们的衰老而恐惧。”

4·22 子曰：“古者言之不出，耻躬之不逮也。”

译 文 Yiwen

孔子说：“古代人不轻易把话说出口，因为他们以自己做不到为可耻啊。”

4·23 子曰：“以约①失之者鲜矣。”

注 释 Zhushi

① 约：约束，这里指“约之以礼”。

译 文 Yiwen

孔子说：“用礼来约束自己，再犯错误的人就少了。”

4·24 子曰：“君子欲讷①于言而敏②于行。”

注 释 Zhushi

① 讷：迟钝。这里指说话要谨慎。

② 敏：敏捷、快速的意思。

译 文 Yiwen

孔子说：“君子说话要谨慎，而行动要敏捷。”

4·25 子曰：“德不孤，必有邻。”

译 文 Yiwen

孔子说：“有道德的人是不会孤立的，一定会有思想一致的人与他相处。”

4·26　子游曰："事君数[1]，斯[2]辱矣；朋友数，斯疏矣。"

注　释 *Zhushi*

① 数：音 shuò，屡次、多次，引申为烦琐的意思。

② 斯：就。

译　文 *Yiwen*

子游说："事奉君主太过烦琐，就会受到侮辱；对待朋友太烦琐，就会被疏远了。"

公冶长篇　第五

本篇共计二十八章，内容以谈论仁德为主。在本篇里，孔子和他的弟子们从各个侧面探讨仁德的特征。此外，本篇著名的句子有“朽木不可雕也。粪土之墙不可圬也”；“听其言而观其行”；“敏而好学，不耻下问”；“三思而后行”等。

5·1　子谓公冶长[①]：“可妻也。虽在缧绁[②]之中，非其罪也。”以其子[③]妻之。

注释 Zhushi

① 公冶长：姓公冶名长，齐国人，孔子的弟子。

② 缧绁：音 léi xiè，捆绑犯人用的绳索，这里借指牢狱。

③ 子：古时无论儿、女均称子。

译文 Yiwen

孔子评论公冶长说：“可以把女儿嫁给他，他虽然被关在牢狱里，但这并不是他的罪过呀。”于是，孔子就把自己的女儿嫁给了他。

5·2　子谓南容[①]：“邦有道[②]，不废；邦无道，免于刑戮。”以其兄之子妻之。

注释 Zhushi

① 南容：姓南宫名适（kuò），字子容。孔子的学生，通称他为南容。

② 道：孔子这里所讲的道，是说国家的政治符合最高的和最好的原则。

译 文 Yiwen

孔子评论南容说："国家有道时，他有官做；国家无道时，他也可以免去刑戮。"于是把自己的侄女嫁给了他。

5·3 子谓子贱[①]："君子哉若人，鲁无君子者，斯焉取斯[②]？"

注 释 Zhushi

① 子贱：姓宓（fú）名不齐，字子贱。生于公元前521年，比孔子小49岁。
② 斯焉取斯：斯，此。第一个"斯"指子贱，第二个"斯"字指子贱的品德。

译 文 Yiwen

孔子评论子贱说："这个人真是个君子呀。如果鲁国没有君子的话，他是从哪里学到这种品德的呢？"

5·4 子贡问曰："赐也何如？"子曰："女，器也。"曰："何器也？"曰："瑚琏[①]也。"

注 释 Zhushi

① 瑚琏：古代祭祀时盛粮食用的器具。

译 文 Yiwen

子贡问孔子："我这个人怎么样？"孔子说："你呀，好比一个器具。"子贡又问："是什么器具呢？"孔子说："是瑚琏。"

5·5 或曰："雍[①]也仁而不佞[②]。"子曰："焉用佞？御人以口给[③]，屡憎于人，不知其仁[④]。焉用佞？"

注 释 Zhushi

① 雍：姓冉名雍，字仲弓，生于公元前522年，孔子的学生。

② 佞：音nìng，能言善辩，有口才。

③ 口给：言语便捷、嘴快话多。

④ 不知其仁：指有口才者有仁与否不可知。

译 文 Yiwen

有人说："冉雍这个人有仁德但不善辩。"孔子说："何必要能言善辩呢？靠灵牙利齿和人辩论，常常招致别人的讨厌，这样的人我不知道他是不是做到仁，但何必要能言善辩呢？"

5·6 子使漆雕开①仕。对曰："吾斯之未能信。"子说。

注 释 Zhushi

① 漆雕开：姓漆雕名开，字子开，一说字子若，生于公元前540年，孔子的门徒。

译 文 Yiwen

孔子让漆雕开去做官。漆雕开回答说："我对做官这件事还没有信心。"孔子听了很高兴。

5·7 子曰："道不行，乘桴①浮于海，从我者，其由与！"子路闻之喜。子曰："由也好勇过我，无所取材。"

注 释 Zhushi

① 桴：音fū，用来过河的木筏子。

译 文 *Yiwen*

孔子说："如果我的主张行不通，我就乘上木筏子到海外去。能跟从我的大概只有仲由吧！"子路听到这话很高兴。孔子说："仲由啊，好勇超过了我，其他没有什么可取的才能。"

5·8 孟武伯问子路仁乎？子曰："不知也。"又问。子曰："由也，千乘之国，可使治其赋也，不知其仁也。""求也何如？"子曰："求也，千室之邑[①]，百乘之家[②]，可使为之宰[③]也，不知其仁也。""赤[④]也何如？"子曰："赤也，束带立于朝，可使与宾客[⑤]言也，不知其仁也。"

注 释 *Zhushi*

① 千室之邑，邑是古代居民的聚居点，大致相当于后来城镇。有一千户人家的大邑。
② 百乘之家：指卿大夫的采地，当时大夫有车百乘，是采地中的较大者。
③ 宰：家臣、总管。
④ 赤：姓公西名赤，字子华，生于公元前509年，孔子的学生。
⑤ 宾客：指一般客人和来宾。

译 文 *Yiwen*

孟武伯问孔子："子路做到了仁吧？"孔子说："我不知道。"孟武伯又问。孔子说："仲由嘛，在拥有一千辆兵车的国家里，可以让他管理军事，但我不知道他是不是做到了仁。"孟武伯又问："冉求这个人怎么样？"孔子说："冉求这个人，可以让他在一个有千户人家的公邑或有一百辆兵车的采邑里当总管，但我也不知道他是不是做到了仁。"孟武伯又问："公西赤又怎么样呢？"孔子说："公西赤嘛，可以让他穿着礼服，站在朝廷上，接待贵宾，我也不知道他是不是做到了仁。"

5·9　子谓子贡曰："女与回也孰愈？"对曰："赐也何敢望回？回也闻一以知十①，赐也闻一以知二②。"子曰："弗如也。吾与女弗如也。"

注　释 *Zhushi*

① 十：指数的全体，旧注云："一，数之数；十，数之终。"

② 二：旧注云："二者，一之对也。"

译　文 *Yiwen*

孔子对子贡说："你和颜回两个相比，谁更好一些呢？"子贡回答说："我怎么敢和颜回相比呢？颜回他听到一件事就可以推知十件事；我呢，知道一件事，只能推知两件事。"孔子说："是不如他呀，我同意你说的，是不如他。"

5·10　宰予昼寝，子曰："朽木不可雕也，粪土①之墙不可杇②也，于予与何诛③！"子曰："始吾于人也，听其言而信其行；今吾于人也，听其言而观其行。于予与改是。"

注　释 *Zhushi*

① 粪土：腐土、脏土。

② 杇：音 wū，抹墙用的抹子。这里指用抹子粉刷墙壁。

③ 诛：意为责备、批评。

译　文 *Yiwen*

宰予白天睡觉。孔子说："腐朽的木头无法雕刻，粪土垒的墙壁无法粉刷。对于宰予这个人，责备还有什么用呢？"孔子说："起初我对于人，是听了他说的话便相信了他的行为；现在我对于人，听了他讲的话还要观察他的行为。在宰予这里我改变了观察人的方法。"

5·11　子曰："吾未见刚者。"或对曰："申枨[①]。"子曰："枨也欲，焉得刚？"

注释 Zhushi

① 申枨：枨，音 chéng。姓申名枨，字周，孔子的学生。

译文 Yiwen

孔子说："我没有见过刚强的人。"有人回答说："申枨就是刚强的。"孔子说："申枨这个人欲望太多，怎么能刚强呢？"

5·12　子贡曰："我不欲人之加诸我也，吾亦欲无加诸人。"子曰："赐也，非尔所及也。"

译文 Yiwen

子贡说："我不愿别人强加于我的事，我也不愿强加在别人身上。"孔子说："赐呀，这就不是你所能做到的了。"

5·13　子贡曰："夫子之文章[①]，可得而闻也；夫子之言性[②]与天道[③]，不可得而闻也。"

注释 Zhushi

① 文章：这里指孔子传授的诗书礼乐等。
② 性：人性。
③ 天道：天命。《论语》书中孔子多处讲到天和命，但不见有孔子关于天道的言论。

译文 Yiwen

子贡说："老师讲授的礼、乐、诗、书的知识，依靠耳闻是能够学到的；

老师讲授的人性和天道的理论，依靠耳闻是不能够学到的。”

5·14　子路有闻，未之能行，唯恐有闻。

译　文 *Yiwen*

子路在听到一条道理但没有能亲自实行的时候，惟恐又听到新的道理。

5·15　子贡问曰：“孔文子①何以谓之文也？”子曰：“敏而好学，不耻下问，是以谓之文也。”

注　释 *Zhushi*

① 孔文子：指卫国大夫孔圉（yǔ），“文”是谥号，“子”是尊称。

译　文 *Yiwen*

子贡问道：“为什么给孔文子一个‘文’的谥号呢？”孔子说：“他聪敏勤勉而好学，不以向他地位卑下的人请教为耻，所以给他谥号叫‘文’。”

5·16　子谓子产①有君子之道四焉：“其行己也恭，其事上也敬，其养民也惠，其使民也义。”

注　释 *Zhushi*

① 子产：姓公孙名侨，字子产，郑国大夫，做过正卿，是郑穆公的孙子，为春秋时郑国的贤相。

译　文 *Yiwen*

孔子评论子产说：他有君子的四种道德：“他自己行为庄重，他事奉君主恭敬，他养护百姓有恩惠，他役使百姓有法度。”

5·17 子曰："晏平仲[①]善与人交，久而敬之[②]。"

注 释 Zhushi

① 晏平仲：齐国的贤大夫，名婴。"平"是他的谥号。

② 久而敬之："之"在这里指代晏平仲。

译 文 Yiwen

孔子说："晏平仲善于与人交朋友，相识久了，别人仍然尊敬他。"

5·18 子曰："臧文仲[①]居蔡[②]，山节藻棁[③]，何如其知也！"

注 释 Zhushi

① 臧文仲：姓臧孙名辰，"文"是他的谥号。因不遵守周礼，被孔子指责为"不仁"、"不智"。

② 蔡：国君用以占卜的大龟。蔡这个地方产龟，所以把大龟叫做蔡。

③ 山节藻棁：节，柱上的斗拱。棁，音 zhuō，房梁上的短柱。把斗拱雕成山形，在棁上绘以水草花纹。这是古代装饰天子宗庙的做法。

译 文 Yiwen

孔子说："臧文仲藏了一只大龟，藏龟的屋子斗拱雕成山的形状，短柱上画以水草花纹，他这个人怎么能算是有智慧呢？"

5·19 子张问曰："令尹子文[①]三仕为令尹，无喜色；三已[②]之，无愠色。旧令尹之政，必以告新令尹。何如？"子曰："忠矣。"曰："仁矣乎？"曰："未知。焉得仁？""崔子[③]弑[④]齐君[⑤]，陈文子[⑥]有马十乘，弃而违之，至于他邦，则曰：'犹吾大夫崔子也。'违之。之一邦，则又曰：'犹吾大夫崔子也。'违之。何如？"子曰："清矣。"曰："仁矣乎？"

曰："未知，焉得仁？"

注释 *Zhushi*

① 令尹子文：令尹，楚国的官名，相当于宰相。子文是楚国的著名宰相。
② 三已：三，指多次。已，罢免。
③ 崔子：齐国大夫崔杼（zhù）曾杀死齐庄公，在当时引起极大反应。
④ 弑：地位在下的人杀了地位在上的人。
⑤ 齐君：指被崔杼所杀的齐庄公。
⑥ 陈文子：陈国的大夫，名须无。

译文 *Yiwen*

子张问孔子说："令尹子文几次做楚国宰相，没有显出高兴的样子，几次被免职，也没有显出怨恨的样了。（他每一次被免职）一定把自己的一切政事全部告诉给来接任的新宰相。你看这个人怎么样？"孔子说："可算得是忠了。"子张问："算得上仁了吗？"孔子说："不知道。这怎么能算得仁呢？"（子张又问：）"崔杼杀了他的君主齐庄公，陈文子家有四十匹马，都舍弃不要了，离开了齐国，到了另一个国家，他说，这里的执政者也和我们齐国的大夫崔子差不多，就离开了。到了另一个国家，又说，这里的执政者也和我们的大夫崔子差不多，又离开了。这个人你看怎么样？"孔子说："可算得上清高了。"子张说："可说是仁了吗？"孔子说："不知道。这怎么能算得仁呢？"

5·20 季文子[①]三思而后行。子闻之，曰："再，斯可矣。"

注释 *Zhushi*

① 季文子：即季孙行父，鲁成公、鲁襄公时任正卿，"文"是他的谥号。

译 文 *Yiwen*

季文子每做一件事都要考虑多次。孔子听到了，说："考虑两次也就行了。"

5·21 子曰："宁武子①，邦有道则知，邦无道则愚②，其知可及也，其愚不可及也。"

注 释 *Zhushi*

① 宁武子：姓宁名俞，卫国大夫，"武"是他的谥号。

② 愚：这里是装傻的意思。

译 文 *Yiwen*

孔子说："宁武子这个人，当国家有道时，他就显得聪明，当国家无道时，他就装傻。他的那种聪明别人可以做得到，他的那种装傻别人就做不到了。

5·22 子在陈①曰："归与！归与！吾党之小子②狂简③，斐然成章，不知所以裁之。"

注 释 *Zhushi*

① 陈：古国名，大约在今河南东部和安徽北部一带。

② 吾党之小子：古代以五百家一为党。吾党意即我的故乡。小子，指孔子在鲁国的学生。

③ 狂简：志向远大但行为粗率简单。

译 文 *Yiwen*

孔子在陈国说："回去吧！回去吧！家乡的学生有远大志向，但行为粗率简单；有文采但还不知道怎样来节制自己。"

5·23　子曰："伯夷叔齐[1]不念旧恶[2]，怨是用希。"

注　释 *Zhushi*

① 伯夷、叔齐：殷朝末年孤竹君的两个儿子。父亲死后，二人互相让位，都逃到周文王那里。周武王起兵伐纣，他们认为这是以臣弑君，是不忠不孝的行为，曾加以拦阻。周灭商统一天下后，他们以吃周朝的粮食为耻，逃进深山中以野草充饥，饿死在首阳山中。

② 旧恶：过去的仇恨，指殷纣王的残暴。

译　文 *Yiwen*

孔子说："伯夷、叔齐两个人不记人家过去的仇恨，（因此，别人对他们的）怨恨因此也就少了。"

5·24　子曰："孰谓微生高[1]直？或乞醯[2]焉，乞诸其邻而与之。"

注　释 *Zhushi*

① 微生高：姓微生名高，鲁国人。当时人认为他为直率。

② 醯：音 xī，即醋。

译　文 *Yiwen*

孔子说："谁说微生高这个人直率？有人向他讨点醋，他（不直说没有，却暗地）到他邻居家里讨了点给人家。"

5·25　子曰："巧言令色足恭[1]，左丘明[2]耻之，丘亦耻之。匿怨而友其人，左丘明耻之，丘亦耻之。"

注 释 *Zhushi*

① 足恭：一说是两只脚做出恭敬逢迎的姿态来讨好别人；另一说是过分恭敬。这里采用后说。

② 左丘明：姓左丘名明，鲁国人，相传是《左传》一书的作者。

译 文 *Yiwen*

孔子说："花言巧语，装出好看的脸色，摆出逢迎的姿态，低三下四地过分恭敬，左丘明认为这种人可耻，我也认为可耻。把怨恨装在心里，表面上却装出友好的样子，左丘明认为这种人可耻，我也认为可耻。"

5·26　颜渊、季路侍。子曰："盍各言尔志。"子路曰："愿车马，衣轻裘，与朋友共，敝之而无憾。"颜渊曰："愿无伐[①]善，无施劳[②]。"子路曰："愿闻子之志。"子曰："老者安之，朋友信之，少者怀之[③]。"

注 释 *Zhushi*

① 伐：夸耀。

② 施劳：施，表白。劳，功劳。

③ 少者怀之：让少者得到关怀。

译 文 *Yiwen*

颜渊、子路两人侍立在孔子身边。孔子说："你们何不各自说说自己的志向？"子路说："愿意拿出自己的车马、衣服、皮袍，同我的朋友共同使用，用坏了也不抱怨。"颜渊说："我愿意不夸耀自己的长处，不表白自己的功劳。"子路向孔子说："愿意听听您的志向。"孔子说："（我的志向是）让年老的安心，让朋友们信任我，让年轻的子弟们得到关怀。"

5·27　子曰："已矣乎！吾未见能见其过而内自讼者也。"

译　文 *Yiwen*

孔子说："完了，我还没有看见过能够看到自己的错误而又能从内心责备自己的人。"

5·28　子曰："十室之邑，必有忠信如丘者焉，不如丘之好学也。"

译　文 *Yiwen*

孔子说："即使只有十户人家的小村子，也一定有像我这样讲忠信的人，只是不如我那样好学罢了。"

雍也篇　第六

本篇共包括三十章。其中著名文句有："贤哉回也，一箪食，一瓢饮，在陋巷"；"质胜文则野，文胜质则史，文质彬彬，然后君子"；"知之者不如好之者，好之者不如乐之者"；"敬鬼神而远之"；"已欲立而立人，已欲达而达人。"本篇里有数章谈到颜回，孔子对他的评价甚高。此外，本篇还涉及"中庸之道""恕"的学说、"文质"思想，同时，还包括如何培养"仁德"的一些主张。

6·1　子曰："雍也，可使南面。"

译　文 *Yiwen*

孔子说："冉雍这个人，可以让他去做官。"

6·2　仲弓问子桑伯子①。子曰："可也，简。"仲弓曰："居敬②而行简③，以临其民，不亦可乎？居简而行简，无乃大简乎？"子曰："雍之言然。"

注　释 *Zhushi*

① 桑伯子：人名，此人生平不可考。

② 居敬：为人严肃认真，依礼严格要求自己。

③ 行简：指推行政事简而不繁。

译　文 *Yiwen*

仲弓问孔子："桑伯子这个人怎么样。"孔子说："此人还可以，办事简要而不烦琐。”仲弓说：“居心恭敬严肃而行事简要，像这样来治理百姓，不是也可以吗？（但是）自己马马虎虎，又以简要的方法办事，这岂不是太简单了吗？”孔子说：“冉雍，这话你说得对。”

6·3　哀公问：“弟子孰为好学？”孔子对曰：“有颜回者好学，不迁怒，不贰过①，不幸短命死矣。今也则亡，未闻好学者也。”

注　释 *Zhushi*

① 不贰过：“贰”是重复、一再的意思。这是说不犯同样的错误。

译　文 *Yiwen*

鲁哀公问孔子：“你的学生中谁是最好学的呢？”孔子回答说：“有一个叫颜回的学生好学，他从不迁怒于别人，也从不重犯同样的过错。不幸短命死了。现在没有那样的人了，没有听说谁是好学的。”

6·4　子华①使于齐，冉子②为其母请粟③。子曰：“与之釜④。”请益。曰：“与之庾⑤。”冉子与之粟五秉。子曰：“赤之适齐也，乘肥马，衣轻裘。吾闻之也：君子周急不济富。”

注　释 *Zhushi*

① 子华：姓公西名赤，字子华，孔子的学生，比孔子小 42 岁。
② 冉子：冉有，名求，字子有。在《论语》书中被孔子弟子称为“子”的只有四五个人，冉有即其中之一。
③ 粟：在古文中，粟与米连用时，粟指带壳的谷粒，去壳以后叫作米；粟字单用时，就是指米了。
④ 釜：音 fǔ，古代量名，一釜约等于六斗四升。

⑤ 庾：音 yǔ，古代量名，一庾等于二斗四升。

译 文 *Yiwen*

子华出使齐国，冉求替他的母亲向孔子请求补助一些谷米。孔子说：“给他六斗四升。”冉求请求再增加一些。孔子说：“再给他二斗四升。”冉求却给他八十斛。孔子说：“公西赤到齐国去，乘坐着高马驾的大车，穿着又暖和又轻便的皮袍。我听说过，君子只是周济急需救济的人，而不是周济富人。”

6·5 原思[①]为之宰，与之粟九百，辞。子曰：“毋，以与尔邻里乡党[②]乎！”

注 释 *Zhushi*

① 原思：姓原名宪，字子思，鲁国人，孔子的学生，生于公元前 515 年。孔子在鲁国任司法官的时候，原思曾做他家的总管。

② 邻里乡党：相传古代以五家为邻，二十五家为里，一万二千五百家为乡，五百家为党。此处指原思的同乡，或家乡周围的百姓。

译 文 *Yiwen*

原思给孔子家当总管，孔子给他俸米九百，原思推辞不要。孔子说：“不要推辞。（如果有多的）给你的乡亲们吧。”

6·6 子谓仲弓，曰：“犁牛[①]为之骍且角[②]。虽欲勿用，山川[③]其舍诸？”

注 释 *Zhushi*

① 犁牛：即耕牛。古代祭祀用的牛不能以耕农代替，系红毛长角，单独饲养的。

② 骍且角：骍：音 xīn，红色。祭祀用的牛，毛色为红，角长得端正。

③ 山川：山川之神。此喻上层统治者。

译 文 *Yiwen*

孔子在评论仲弓的时候说：“耕牛产下的牛犊长着红色的毛，角也长得整齐端正，人们虽想不用它做祭品，但山川之神难道会舍弃它吗？”

6·7 子曰：“回也，其心三月不违仁，其余则日月至焉而已矣。”

译 文 *Yiwen*

孔子说：“颜回这个人，他的心可以在长时间内不离开仁德，其余的学生则只能在短时间内做到仁而已。”

6·8 季康子[1]问：“仲由可使从政也与？”子曰：“由也果，于从政乎何有？”曰：“赐也可使从政也与？”曰：“赐也达，于从政乎何有？”曰：“求也可使从政也与？”曰：“求也艺，于从政乎何有？”

注 释 *Zhushi*

① 季康子：他在公元前492年继其父为鲁国正卿，此时孔子正在各地游说。八年以后，孔子返回鲁国，冉求正在帮助季康子推行革新措施。孔子于是对三个弟子做出了评价。

译 文 *Yiwen*

季康子问孔子：“仲由这个人，可以让他管理国家政事吗？”孔子说：“仲由做事果断，对于管理国家政事有什么困难呢？”季康子又问：“端木赐这个人，可以让他管理国家政事吗？”孔子说：“端木赐通达事理，对于管理政事有什么困难呢？“又问：“冉求这个人，可以让他管理国家政事吗？”孔子说：“冉求有才能，对于管理国家政事有什么困难呢？”

6·9　季氏使闵子骞[①]为费[②]宰，闵子骞曰："善为我辞焉！如有复我[③]者，则吾必在汶上[④]矣。"

注　释 Zhushi

① 闵子骞：姓闵名损，字子骞，鲁国人，孔子的学生，比孔子小15岁。
② 费：音mì，季氏的封邑，在今山东费县西北一带。
③ 复我：再来召我。
④ 汶上：汶，音wèn，水名，即今山东大汶河，当时流经齐、鲁两国之间。在汶上，是说要离开鲁国到齐国去。

译　文 Yiwen

季氏派人请闵子骞去做费邑的长官，闵子骞（对来请他的人）说："请你好好替我推辞吧！如果再来召我，那我一定跑到汶水那边去了。"

6·10　伯牛[①]有疾，子问之，自牖[②]执其手，曰："亡之[③]，命矣夫，斯人也而有斯疾也！斯人也而有斯疾也！"

注　释 Zhushi

① 伯牛：姓冉名耕，字伯牛，鲁国人，孔子的学生。孔子认为他的"德行"较好。
② 牖：音yǒu，窗户。
③ 亡之：一作丧夫解，一作死亡解。

译　文 Yiwen

伯牛病了，孔子前去探望他，从窗户外面握着他的手说："丧失了这个人，这是命里注定的吧！这样的人竟会得这样的病啊，这样的人竟会得这样的病啊！"

6·11　子曰："贤哉回也，一箪[①]食，一瓢饮，在陋巷，人不堪其忧，回也不改其乐。贤哉回也。"

注　释 Zhushi

① 箪：音 dān，古代盛饭用的竹器。

译　文 Yiwen

孔子说："颜回的品质是多么高尚啊！一箪饭，一瓢水，住在简陋的小屋里，别人都忍受不了这种穷困清苦，颜回却没有改变他好学的乐趣。颜回的品质是多么高尚啊！"

6·12　冉求曰："非不说[①]子之道，力不足也。"子曰："力不足者，中道而废。今女画[②]。"

注　释 Zhushi

① 说：音 yuè，同悦。
② 画：划定界限，停止前进。

译　文 Yiwen

冉求说："我不是不喜欢老师您所讲的道，而是我的能力不够呀。"孔子说："能力不够是到半路才停下来，现在你是自己给自己划了界限不想前进。"

6·13　子谓子夏曰："女为君子儒，无为小人儒。"

译　文 Yiwen

孔子对子夏说："你要做君子儒，不要做小人儒。"

6·14 子游为武城[①]宰。子曰："女得人焉尔乎？"曰："有澹台灭明[②]者，行不由径，非公事，未尝至于偃[③]之室也。"

注 释 Zhushi

① 武城：鲁国的小城邑，在今山东费县境内。
② 澹台灭明：姓澹台名灭明，字子羽，武城人，孔子弟子。
③ 偃：言偃，即子游，这是他自称其名。

译 文 Yiwen

子游做了武城的长官。孔子说："你在那里得到了人才没有？"子游回答说："有一个叫澹台灭明的人，从来不走邪路，没有公事从不到我屋子里来。"

6·15 子曰："孟之反[①]不伐[②]，奔[③]而殿[④]，将入门，策其马，曰：非敢后也，马不进也。"

注 释 Zhushi

① 孟之反：名侧，鲁国大夫。
② 伐：夸耀。
③ 奔：败走。
④ 殿：殿后，在全军最后作掩护。

译 文 Yiwen

孔子说："孟之反不喜欢夸耀自己。败退的时候，他留在最后掩护全军。快进城门的时候，他鞭打着自己的马说：'不是我敢于殿后，是马跑得不快。'"

6·16 子曰："不有祝鮀[①]之佞，而有宋朝[②]之美，难乎免于今之世矣。"

注 释 Zhushi

①祝鮀：鮀，音tuó。字子鱼，卫国大夫，有口才，以能言善辩受到卫灵公重用。
②宋朝：宋国的公子朝，《左传》中曾记载他因美丽而惹起祸乱的事情。

译 文 Yiwen

孔子说："如果没有祝鮀那样的口才，也没有宋朝的美貌，那在今天的社会上处世立足就比较艰难了。"

6·17 子曰："谁能出不由户，何莫由斯道也？"

译 文 Yiwen

孔子说："谁能不经过屋门而走出去呢？为什么没有人走（我所指出的）这条道路呢？"

6·18 子曰："质[①]胜文[②]则野[③]，文胜质则史[④]。文质彬彬，然后君子。"

注 释 Zhushi

①质：朴实、自然，无修饰的。
②文：文采，经过修饰的。
③野：此处指粗鲁、鄙野，缺乏文采。
④史：言词华丽，这里有虚伪、浮夸的意思。

译 文 Yiwen

孔子说："质朴多于文采，就像个乡下人，流于粗俗：文采多于质朴，就流于虚伪、浮夸。只有质朴和文采配合恰当，才是个君子。"

6·19 子曰："人之生也直，罔[①]之生也幸而免。"

注释 Zhushi

① 罔：诬罔不直的人。

译文 Yiwen

孔子说："一个人的生存是由于正直，而不正直的人也能生存，那只他侥幸地避免了灾祸。"

6·20 子曰："知之者不如好之者，好之者不如乐之者。"

译文 Yiwen

孔子说："懂得它的人，不如爱好它的人；爱好它的人，又不如以它为乐的人。"

6·21 子曰："中人以上，可以语上也；中人以下，不可以语上也。"

译文 Yiwen

孔子说："具有中等以上才智的人，可以给他讲授高深的学问，在中等才智水平以下的人，不可以给他讲高深的学问。"

6·22 樊迟问知，子曰："务民之义，敬鬼神而远之，可谓知矣。"问仁，曰："仁者先难而后获，可谓仁矣。"

译文 Yiwen

樊迟问孔子怎样才算是智，孔子说："专心致力于（提倡）老百姓应该遵从的道德，尊敬鬼神但要远离它，就可以说是智了。"樊迟又问怎样才是仁，孔子说："仁人对难做的事，做在人前面，有收获的结果，他得在人后，这可以说是仁了。"

6·23　子曰："知者乐水，仁者乐山；知者动，仁者静；知者乐，仁者寿。"

译　文 *Yiwen*

孔子说："聪明人喜爱水，有仁德者喜爱山；聪明人活动，仁德者沉静。聪明人快乐，有仁德者长寿。"

6·24　子曰："齐一变，至于鲁；鲁一变，至于道。"

译　文 *Yiwen*

孔子说："齐国一改变，可以达到鲁国这个样子，鲁国一改变，就可以达到先王之道了。"

6·25　子曰："觚[①]不觚，觚哉！觚哉！"

注　释 *Zhushi*

① 觚：音gū，古代盛酒的器具，上圆下方，有棱，容量约有二升。后来觚被改变了，所以孔子认为觚不像觚。

译　文 *Yiwen*

孔子说："觚不像个觚了，这也算是觚吗？这也算是觚吗？"

6·26　宰我问曰："仁者虽告之曰井有仁焉，其从之也？"子曰："何为其然也？君子可逝也，不可陷也；可欺也，不可罔也。"

译　文 *Yiwen*

宰我问道："对于有仁德的人，别人告诉他井里掉下去一位仁人啦，他会跟着下去吗？"孔子说："为什么要这样做呢？君子可以到井边去救，却不可以陷入井中；君子可能被欺骗，但不可能被迷惑。”

6·27　子曰：“君子博学于文，约之以礼，亦可以弗畔矣夫。”

译　文 *Yiwen*

孔子说：“君子广泛地学习古代的文化典籍，又以礼来约束自己，也就可以不离经叛道了。”

6·28　子见南子[①]，子路不说。夫子矢[②]之曰：“予所否者，天厌之！天厌之！”

注　释 *Zhushi*

① 南子：卫国灵公的夫人，当时实际上左右着卫国政权，有淫乱的行为。
② 矢：同“誓”，此处讲发誓。

译　文 *Yiwen*

孔子去见南子，子路不高兴。孔子发誓说：“如果我做什么不正当的事，让上天谴责我吧！让上天谴责我吧！”

6·29　子曰：“中庸[①]之为德也，其至矣乎！民鲜久矣。”

注　释 *Zhushi*

① 中庸：中，谓之无过无不及。庸，平常。

译　文 *Yiwen*

孔子说：“中庸作为一种道德，该是最高的了吧！人们缺少这种道德已经为时很久了。”

6·30 子贡曰:“如有博施于民而能济众,何如?可谓仁乎?”子曰:“何事于仁?必也圣乎!尧舜其犹病诸。夫仁者,己欲立而立人,己欲达而达人。能近取譬①,可谓仁之方也已。”

注 释 Zhushi

① 能近取譬:能够就自身打比方。即推己及人的意思。

译 文 Yiwen

子贡说:“假若有一个人,他能给老百姓很多好处又能周济大众,怎么样?可以算是仁人了吗?”孔子说:“岂止是仁人,简直是圣人了!就连尧、舜尚且难以做到呢。至于仁人,就是要想自己站得住,也要帮助人家一同站得住;要想自己过得好,也要帮助人家一同过得好。凡事能就近以自己作比,而推己及人,可以说就是实行仁的方法了。”

述而篇　第七

本篇共包括三十八章，也是学者们在研究孔子和儒家思想时引述较多的篇章之一。它包括以下几个方面的主要内容：“学而不厌，诲人不倦”；“饭疏食饮水，曲肱而枕之，乐在其中”；“发愤忘食，乐以忘忧，不知老之将至”；“三人行必有我师”；“君子坦荡荡，小人长戚戚”；“温而厉，威而不猛，恭而安”。本章提出了孔子的教育思想和学习态度，以及孔子对仁德等重要道德范畴的进一步阐释，等等。

7·1　子曰：“述而不作[①]，信而好古，窃比于我老彭[②]。”

注　释 *Zhushi*

① 述而不作：述，传述。作，创造。

② 老彭：人名，但究竟指谁，说法不一。有的说是殷商时代一位“好述古事”的“贤大夫”；有的说是老子和彭祖两个人，有的说是殷商时代的彭祖。

译　文 *Yiwen*

孔子说：“只阐述而不创作，相信而且喜好古代的东西，我私下把自己比做老彭。”

7·2　子曰：“默而识[①]之，学而不厌，诲人不倦，何有于我哉？”

注　释 *Zhushi*

① 识：音 zhì，记住的意思。

译 文 Yiwen

孔子说："默默地记住（所学的知识），学习不觉得厌烦，教人不知道疲倦，这对我而言能有什么困难呢？"

7·3 子曰："德之不修，学之不讲，闻义不能徙，不善不能改，是吾忧也。"

译 文 Yiwen

孔子说："（许多人）对品德不去修养，学问不去讲求，听到义不能去做，有了不善的事不能改正，这些都是我所忧虑的事情。"

7·4 子之燕居①，申申②如也，夭夭③如也。

注 释 Zhushi

① 燕居：安居、家居、闲居。
② 申申：衣冠整洁。
③ 夭夭：行动迟缓、斯文和舒和的样子。

译 文 Yiwen

孔子闲居在家里的时候，衣冠楚楚，仪态温和舒畅，悠闲自在。

7·5 子曰："甚矣，吾衰也！久矣，吾不复梦见周公①。"

注 释 Zhushi

① 周公：姓姬名旦，周文王的儿子，周武王的弟弟，成王的叔父，鲁国国君的始祖，传说是西周典章制度的制定者，他是孔子所崇拜的所谓"圣人"之一。

译　文 *Yiwen*

孔子说："我衰老得很厉害了，我好久没有梦见周公了。"

7·6　子曰："志于道，据于德①，依于仁，游于艺②。"

注　释 *Zhushi*

① 德：旧注云：德者，得也。能把道贯彻到自己心中而不失掉就叫德。
② 艺：艺指孔子教授学生的礼、乐、射、御、书、数等六艺，都是日常所用。

译　文 *Yiwen*

孔子说："以道为志向，以德为根据，以仁为凭借，活动于（礼、乐等）六艺的范围之中。"

7·7　子曰："自行束脩①以上，吾未尝无诲焉。"

注　释 *Zhushi*

① 束脩：脩，音 xiū，干肉，又叫脯。束脩就是十条干肉。孔子要求他的学生，初次见面时要拿十条干肉作为学费。后来，就把学生送给老师的学费叫做"束脩"。

译　文 *Yiwen*

孔子说："只要自愿拿着十条干肉为礼来见我的人，我从来没有不给他教诲的。"

7·8　子曰："不愤①不启，不悱②不发。举一隅不以三隅反，则不复也。"

注　释 *Zhushi*

① 愤：苦思冥想而仍然领会不了的样子。

② 悱：音 fěi，想说又不能明确说出来的样子。

译 文 Yiwen

孔子说："教导学生，不到他想弄明白而不得的时候，不去开导他；不到他想出来却说不出来的时候，不去启发他。教给他一个方面的东西，他却不能由此而推知其他三个方面的东西，那就不再教他了。"

7·9 子食于有丧者之侧，未尝饱也。

译 文 Yiwen

孔子在有丧事的人旁边吃饭，不曾吃饱过。

7·10 子于是日哭，则不歌。

译 文 Yiwen

孔子在这一天为吊丧而哭泣，就不再唱歌。

7·11 子谓颜渊曰："用之则行，舍之则藏，惟我与尔有是夫！"子路曰："子行三军①，则谁与？"子曰："暴虎②冯河③，死而无悔者，吾不与也。必也临事而惧。好谋而成者也。"

注 释 Zhushi

① 三军：是当时大国所有的军队，每军约一万二千五百人。
② 暴虎：赤手空拳与老虎进行搏斗。
③ 冯河：无船而徒步过河。

译 文 Yiwen

孔子对颜渊说："用我呢，我就去干；不用我，我就隐藏起来，只有我和你才能做到这样吧！”子路问孔子说：“老师您如果统帅三军，那么您和谁在一起共事呢？”孔子说：“赤手空拳和老虎搏斗，徒步涉水过河，死了都不会后悔的人，我是不会和他在一起共事的。我要找的，一定要是遇事小心谨慎，善于谋划而能完成任务的人。”

7·12　子曰：“富而可求也；虽执鞭之士①，吾亦为之。如不可求，从吾所好。”

注　释 *Zhushi*

① 执鞭之士：古代为天子、诸侯和官员出入时手执皮鞭开路的人。意思指地位低下的职事。

译　文 *Yiwen*

孔子说：“如果富贵合乎于道就可以去追求，虽然是给人执鞭的下等差事，我也愿意去做。如果富贵不合于道就不必去追求，那就还是按我的爱好去干事。”

7·13　子之所慎：齐①、战、疾。

注　释 *Zhushi*

① 齐：同斋，斋戒。古人在祭祀前要沐浴更衣，不吃荤，不饮酒，不与妻妾同寝，整洁身心，表示虔诚之心，这叫作斋戒。

译　文 *Yiwen*

孔子所谨慎小心对待的是斋戒、战争和疾病这三件事。

7·14　子在齐闻《韶》①，三月不知肉味，曰：“不图为乐之至于斯也。”

注 释 Zhushi

① 《韶》：舜时古乐曲名。

译 文 Yiwen

孔子在齐国听到了《韶》乐，有很长时间尝不出肉的滋味，他说，"想不到《韶》乐的美达到了这样迷人的地步。"

7·15 冉有曰："夫子为①卫君②乎？"子贡曰："诺，吾将问之。"入，曰："伯夷、叔齐何人也？"曰："古之贤人也。"曰："怨乎？"曰："求仁而得仁，又何怨。"出，曰："夫子不为也。"

注 释 Zhushi

① 为：这里是帮助的意思。

② 卫君：卫出公辄，是卫灵公的孙子。公元前 492 年—前 481 年在位。他的父亲因谋杀南子而被卫灵公驱逐出国。灵公死后，辄被立为国君，其父回国与他争位。

译 文 Yiwen

冉有（问子贡）说："老师会帮助卫国的国君吗？"子贡说："嗯，我去问他。"于是就进去问孔子："伯夷、叔齐是什么样的人呢？"（孔子）说："古代的贤人。"（子贡又）问："他们有怨恨吗？"（孔子）说："他们求仁而得到了仁，为什么又怨恨呢？"（子贡）出来（对冉有）说："老师不会帮助卫君。"

7·16 子曰："饭疏食①饮水，曲肱②而枕之，乐亦在其中矣。不义而富且贵，于我如浮云。"

注 释 *Zhushi*

① 饭疏食：饭，这里是“吃”的意思，作动词。疏食即粗粮。

② 曲肱：肱，音 gōng，胳膊，由肩至肘的部位。曲肱，即弯着胳膊。

译 文 *Yiwen*

孔子说：“吃粗粮，喝白水，弯着胳膊当枕头，乐趣也就在这中间了。用不正当的手段得来的富贵，对于我来讲就像是天上的浮云一样。”

7·17　子曰：“加[①]我数年，五十以学《易》[②]，可以无大过矣。”

注 释 *Zhushi*

① 加：这里通“假”字，给予的意思。

② 《易》：指《周易》，古代通常用来占卜之用。

译 文 *Yiwen*

孔子说：“再给我几年时间，到五十岁学习《易》，我便可以没有大的过错了。”

7·18　子所雅言[①]，《诗》，《书》，执礼，皆雅言也。

注 释 *Zhushi*

① 雅言：周王朝的京畿之地在今陕西地区，以陕西语音为标准音的周王朝的官话，在当时被称作“雅言”。孔子平时谈话时用鲁国的方言，但在诵读《诗》、《书》和赞礼时，则以当时陕西语音为准。

译 文 *Yiwen*

孔子有时讲雅言，读《诗》，念《书》，赞礼时，用的都是雅言。

7·19　叶公[1]问孔子于子路，子路不对。子曰："女奚不曰，其为人也，发愤忘食，乐以忘忧，不知老之将至云尔。"

注　释 Zhushi

① 叶公：叶，音shè。叶公姓沈名诸梁，楚国的大夫，封地在叶城（今河南叶县南），所以叫叶公。

译　文 Yiwen

叶公向子路问孔子是个什么样的人，子路不答。孔子（对子路）说："你为什么不说，他这个人，发愤用功，连吃饭都忘了，快乐得把一切忧虑都忘了，连自己快要老了都不知道，如此而已。"

7·20　子曰："我非生而知之者，好古，敏以求之者也。"

译　文 Yiwen

孔子说："我不是生来就有知识的人，而是爱好古代的东西，勤奋敏捷地去求得知识的人。"

7·21　子不语怪、力、乱、神。

译　文 Yiwen

孔子不谈论怪异、暴力、变乱、鬼神。

7·22　子曰："三人行，必有我师焉。择其善者而从之，其不善者而改之。"

译 文 *Yiwen*

孔子说："三个人一起走路，其中必定有人可以做我的老师。我选择他善的品德向他学习，看到他不善的地方就作为借鉴，改掉自己的缺点。"

7·23　子曰："天生德于予，桓魋[①]其如予何？"

注 释 *Zhushi*

① 桓魋：魋，音 tuí，任宋国主管军事行政长官司马，是宋桓公的后代。

译 文 *Yiwen*

孔子说："上天把德赋予了我，桓魋能把我怎么样？"

7·24　子曰："二三子[①]以我为隐乎？吾无隐乎尔。吾无行而不与二三子者，是丘也。"

注 释 *Zhushi*

① 二三子：这里指孔子的学生们。

译 文 *Yiwen*

孔子说："学生们，你们以为我对你们有什么隐瞒的吗？我是丝毫没有隐瞒的。我没有什么事不是和你们一起干的。我孔丘就是这样的人。"

7·25　子以四教：文、行、忠、信。[①]

注 释 *Zhushi*

① 文：文献、古籍等。行：指德行，也指社会实践方面的内容。忠：尽己之谓忠，对人尽心竭力的意思。信：以实之谓信。诚实的意思。

译 文 *Yiwen*

孔子以文、行、忠、信四项内容教授学生。

7·26 子曰："圣人吾不得而见之矣！得见君子者，斯可矣。"子曰："善人吾不得而见之矣！得见有恒者，斯可矣。亡而为有，虚而为盈，约①而为泰②，难乎有恒矣。"

注 释 *Zhushi*

① 约：穷困。

② 泰：这里是奢侈的意思。

译 文 *Yiwen*

孔子说："圣人我是不可能看到了，能看到君子，这就可以了。"孔子又说："善人我不可能看到了，能见到始终如一（保持好的品德）的人，这也就可以了。没有却装作有，空虚却装作充实，穷困却装作富足，这样的人是难于有恒心（保持好的品德）的。"

7·27 子钓而不纲①，弋②不射宿③。

注 释 *Zhushi*

① 纲：大绳。这里作动词用。在水面上拉一根大绳，在大绳上系许多鱼钩来钓鱼，叫纲。

② 弋：音 yì，用带绳子的箭来射鸟。

③ 宿：指归巢歇宿的鸟儿。

译 文 *Yiwen*

孔子只用（有一个鱼钩）的钓竿钓鱼，而不用（有许多鱼钩的）大绳钓鱼。

只射飞鸟，不射巢中歇宿的鸟。

7·28　子曰："盖有不知而作之者，我无是也。多闻，择其善者而从之，多见而识之，知之次也。"

译　文 *Yiwen*

孔子说："有这样一种人，可能他什么都不懂却在那里凭空创造，我却没有这样做过。多听，选择其中好的来学习；多看，然后记在心里，这是次一等的智慧。"

7·29　互乡①难与言，童子见，门人惑。子曰："与其进也，不与其退也，唯何甚？人洁己以进，与其洁也，不保其往②也。"

注　释 *Zhushi*

① 互乡：地名，具体所在已无可考。
② 不保其往：保，一说担保，一说保守。往，一说过去，一说将来。

译　文 *Yiwen*

（孔子认为）很难与互乡那个地方的人谈话，但互乡的一个童子却受到了孔子的接见，学生们都感到迷惑不解。孔子说："我是肯定他的进步，不是肯定他的倒退。何必做得太过分呢？人家改正了错误以求进步，我们肯定他改正错误，不要死抓住他的过去不放。"

7·30　子曰："仁远乎哉？我欲仁，斯仁至矣。"

译　文 *Yiwen*

孔子说："仁难道离我们很远吗？只要我想达到仁，仁就来了。"

7·31　陈司败[①]问："昭公[②]知礼乎？""孔子曰："知礼。"孔子退，揖巫马期[③]而进之曰："吾闻君子不党[④]，君子亦党乎？君取于吴，为同姓[⑤]，谓之吴孟子[⑥]。君而知礼，孰不知礼？"巫马期以告。子曰："丘也幸，苟有过，人必知之。"

注释 Zhushi

① 陈司败：陈国主管司法的官，姓名不详，也有人说是齐国大夫，姓陈名司败。
② 昭公：鲁国的君主，名惆，音 chóu，公元前541—前510年在位。"昭"是谥号。
③ 巫马期：姓巫马名施，字子期，孔子的学生，比孔子小30岁。
④ 党：偏袒、包庇的意思。
⑤ 为同姓：鲁国和吴国的国君同姓姬。周礼规定：同姓不婚，昭公娶同姓女，是违礼的行为。
⑥ 吴孟子：鲁昭公夫人。春秋时代，国君夫人的称号，一般是她出生的国名加上她的姓，但因她姓姬，故称为吴孟子，而不称吴姬。

译文 Yiwen

陈司败问："鲁昭公懂得礼吗？"孔子说："懂得礼。"孔子出来后，陈司败向巫马其作了个揖，请他走近自己，对他说："我听说，君子是没有偏私的，难道君子还包庇别人吗？鲁君在吴国娶了一个同姓的女子为做夫人，是国君的同姓，称她为吴孟子。如果鲁君算是知礼，还有谁不知礼呢？"巫马期把这句话告诉了孔子。孔子说："我真是幸运。如果有错，人家一定会知道。"

7·32　子与人歌而善，必使反之，而后和之。

译文 Yiwen

孔子与别人一起唱歌，如果唱得好，一定要请他再唱一遍，然后和他一起唱。

7·33　子曰："文，莫[①]吾犹人也。躬行君子，则吾未之有得。"

注释 Zhushi

①莫：约摸，大概，差不多。

译文 Yiwen

孔子说："就书本知识来说，大约我和别人差不多，做一个身体力行的君子，那我还没有做到。"

7·34　子曰："若圣与仁，则吾岂敢？抑为之不厌，诲人不倦，则可谓云尔已矣。"公西华曰："正唯弟子不能学也。"

译文 Yiwen

孔子说："如果说到圣与仁，那我怎么敢当！不过（向圣与仁的方向）努力而不感厌烦地做，教诲别人也从不感觉疲倦，则可以这样说的。"公西华说："这正是我们学不到的。"

7·35　子疾病，子路请祷。子曰："有诸？"子路对曰："有之。《诔》曰：'祷尔于上下神祇。'"子曰："丘之祷久矣。"

译文 Yiwen

孔子病情严重，子路向鬼神祈祷。孔子说："有这回事吗？"子路说："有的。《诔》文上说：'为你向天地神灵祈祷。'"孔子说："我很久以来就在祈祷了。"

7·36　子曰："奢则不孙[①]，俭则固。与其不孙也，宁固。"

注 释 Zhushi

① 孙：同逊，恭顺。不孙，即为不顺，这里的意思是“越礼”。

译 文 Yiwen

孔子说：“奢侈了就会越礼，节俭了就会寒酸。与其越礼，宁可寒酸。”

7·37 子曰：“君子坦荡荡，小人长戚戚。”

译 文 Yiwen

孔子说：“君子心胸宽广，小人经常忧愁。”

7·38 子温而厉，威而不猛，恭而安。

译 文 Yiwen

孔子温和而又严厉，威严而不凶猛，庄重而又安详。

泰伯篇　第八

本篇共计二十一章，其中著名的文句有：“鸟之将死，其鸣也哀；人之将死，其言也善”；“任重而道远”；“死而后已”；“民可使由之，不可使知之”；“不在其位，不谋其政”等。本篇的基本内容，涉及孔子及其学生对尧舜禹等古代先王的评价；孔子教学方法和教育思想的进一步发挥；孔子道德思想的具体内容以及曾子在若干问题上的见解。

8·1　子曰：“泰伯[①]，其可谓至德也已矣。三以天下让，民无得而称焉。”

注　释 *Zhushi*

① 泰伯：周代始祖古公亶父的长子。

译　文 *Yiwen*

孔子说：“泰伯可以说是品德最高尚的人了，几次把王位让给季历，老百姓都找不到合适的词句来称赞他。”

8·2　子曰：“恭而无礼则劳，慎而无礼则葸[①]，勇而无礼则乱，直而无礼则绞[②]。君子笃于亲，则民兴于仁，故旧不遗，则民不偷[③]。”

注　释 *Zhushi*

① 葸：音 xǐ，拘谨，畏惧的样子。

② 绞：说话尖刻，出口伤人。

③ 偷：淡薄。

译　文 Yiwen

孔子说："只是恭敬而不以礼来指导，就会徒劳无功；只是谨慎而不以礼来指导，就会畏缩拘谨；只是勇猛而不以礼来指导，就会说话尖刻。在上位的人如果厚待自己的亲属，老百姓当中就会兴起仁的风气；君子如果不遗弃老朋友，老百姓就不会对人冷漠无情了。"

8·3　曾子有疾，召门弟子曰："启[①]予足！启予手！诗云[②]：'战战兢兢，如临深渊，如履薄冰。'而今而后，吾知免夫，小子！"

注　释 Zhushi

① 启：开启，曾子让学生掀开被子看自己的手脚。

② 诗云：以下三句引自《诗经·小雅·小旻》篇。

译　文 Yiwen

曾子有病，把他的学生召集到身边来，说道："看看我的脚！看看我的手（看看有没有损伤）！《诗经》上说：'小心谨慎呀，好像站在深渊旁边，好像踩在薄冰上面。'从今以后，我知道我的身体是不再会受到损伤了，弟子们！"

8·4　曾子有疾，孟敬子[①]问之。曾子言曰："鸟之将死，其鸣也哀；人之将死，其言也善。君子所贵乎道者三：动容貌，斯远暴慢矣；正颜色，斯近信矣；出辞气，斯远鄙倍矣。笾豆之事[②]，则有司[③]存。"

注　释 Zhushi

① 孟敬子：即鲁国大夫孟孙捷。

② 笾豆之事：笾（biān）和豆都是古代祭祀和典礼中的用具。

③ 有司：指主管某一方面事务的官吏，这里指主管祭祀、礼仪事务的官吏。

译 文 Yiwen

曾子有病，孟敬子去看望他。曾子对他说："鸟快死了，它的叫声是悲哀的；人快死了，他说的话是善意的。君子所应当重视的道有三个方面：使自己的容貌庄重严肃，这样可以避免粗暴、放肆；使自己的脸色一本正经，这样就接近于诚信；使自己说话的言辞和语气谨慎小心，这样就可以避免粗野和背离道理。至于祭祀和礼节仪式，自有主管这些事务的官吏来负责。"

8·5　曾子曰："以能问于不能，以多问于寡；有若无，实若虚；犯而为校①。昔者吾友尝从事于斯矣。"

注 释 Zhushi

① 校：音 jiào，同较，计较。

译 文 Yiwen

曾子说："自己有才能却向没有才能的人请教，自己知识多却向知识少的人请教，有学问却像没学问一样；知识很充实却好像很空虚；被人侵犯却也不计较——从前我的朋友就这样做过了。"

8·6　曾子曰："可以托六尺之孤①，可以寄百里之命②，临大节而不可夺也。君子人与？君子人也。"

注 释 Zhushi

① 托六尺之孤：死去父亲的小孩叫孤，六尺指 15 岁以下，古人以七尺指成年。托孤，受君主临终前的嘱托辅佐幼君。
② 寄百里之命：寄，寄托、委托。百里之命，指掌握国家政权和命运。

译　文 *Yiwen*

曾子说："可以把年幼的君主托付给他，可以把国家的政权托付给他，面临生死存亡的紧急关头而不动摇屈服。这样的人是君子吗？是君子啊！"

8·7　曾子曰："士不可以不弘毅，任重而道远。仁以为己任，不亦重乎？死而后已，不亦远乎？"

译　文 *Yiwen*

曾子说："士不可以不弘大刚强而有毅力，因为他责任重大，道路遥远。把实现仁作为自己的责任，难道还不重大吗？奋斗终生，死而后已，难道路程还不遥远吗？"

8·8　子曰："兴于诗，立于礼，成于乐。"

译　文 *Yiwen*

孔子说："（人的修养）开始于学《诗》，自立于学礼，完成于学乐。"

8·9　子曰："民可使由之，不可使知之。"

译　文 *Yiwen*

孔子说："对于老百姓，只能使他们按照我们的意志去做，不能使他们懂得为什么要这样做。"

8·10　子曰："好勇疾贫，乱也。人而不仁，疾之已甚，乱也。"

译　文 *Yiwen*

孔子说："喜好勇敢而又恨自己太穷困，就会犯上作乱。对于不仁德的人或事逼迫得太厉害，也会出乱子。”

8·11　子曰：“如有周公之才之美，使骄且吝，其余不足观也已。”

译 文 *Yiwen*

孔子说：“（一个在上位的君主）即使有周公那样美好的才能，如果骄傲自大而又吝啬小气，那其他方面也就不值得一看了。”

8·12　子曰：“三年学，不至于谷①，不易得也。”

注 释 *Zhushi*

① 谷：古代以谷作为官吏的俸禄，这里用“谷”字代表做官。不至于谷，即做不了官。

译 文 *Yiwen*

孔子说：“学了三年，还做不了官的，是不易找到的。”

8·13　子曰：“笃信好学，守死善道，危邦不入，乱邦不居。天下有道则见，无道则隐。邦有道，贫且贱焉，耻也；邦无道，富且贵焉，耻也。”

译 文 *Yiwen*

孔子说：“坚定信念并努力学习，誓死守卫并完善治国与为人的大道。不进入政局不稳的国家，不居住在动乱的国家。天下有道就出来做官；天下无道就隐居不出。国家有道而自己贫贱，是耻辱；国家无道而自己富贵，也是耻辱。”

8·14　子曰：“不在其位，不谋其政。”

译　文 *Yiwen*

孔子说："不在那个职位上，就不考虑那职位上的事。"

8·15　子曰："师挚之始①，《关雎》之乱②，洋洋乎盈耳哉！"

注　释 *Zhushi*

① 师挚之始：师挚是鲁国的太师。"始"是乐曲的开端，即序曲。古代奏乐，开端叫"升歌"，一般由太师演奏，师挚是太师，所以这里说是"师挚之始"。

② 《关雎》之乱："始"是乐曲的开端，"乱"是乐曲的终了。"乱"是合奏乐。此时奏《关雎》乐章，所以叫"《关雎》之乱"。

译　文 *Yiwen*

孔子说："从太师挚演奏的序曲开始，到最后演奏《关雎》的结尾，丰富而优美的音乐在我耳边回荡。"

8·16　子曰："狂而不直，侗①而不愿②，悾悾而不信，吾不知之矣。"

注　释 *Zhushi*

① 侗：音 tóng，幼稚无知。

② 愿：谨慎、小心、朴实。

译　文 *Yiwen*

孔子说："狂妄而不正直，无知而不谨慎，表面上诚恳而不守信用，我真不知道有的人为什么会是这个样子。"

8·17　子曰："学如不及，犹恐失之。"

译 文 Yiwen

孔子说："学习知识就像追赶不上那样，又会担心丢掉什么。"

8·18　子曰："巍巍乎，舜禹之有天下也而不与焉！"

译 文 Yiwen

孔子说："多么崇高啊！舜和禹得到天下，不是夺过来的。"

8·19　子曰："大哉尧之为君也！巍巍乎，唯天为大，唯尧则之。荡荡乎，民无能名焉。巍巍乎其有成功也，焕乎其有文章！"

译 文 Yiwen

孔子说："真伟大啊！尧这样的君主。多么崇高啊！只有天最高大，只有尧才能效法天的高大。（他的恩德）多么广大啊，百姓们真不知道该用什么语言来表达对它的称赞。他的功绩多么崇高，他制定的礼仪制度多么光辉啊！"

8·20　舜有臣五人①而天下治。武王曰："予有乱臣②十人。"孔子曰："才难，不其然乎？唐虞之际③，于斯为盛，有妇人焉④，九人而已。三分天下有其二⑤，以服事殷。周之德，其可谓至德也已矣。"

注 释 Zhushi

① 舜有臣五人：传说是禹、稷、契（xiè）、皋陶（yáo）、伯益等人。
② 乱臣：据《说文》："乱，治也。"此处所说的"乱臣"，应为"治国之臣"。
③ 唐虞之际：传说尧在位的时代叫唐，舜在位的时代叫虞。
④ 有妇人焉：指武王的乱臣十人中有武王之妻邑姜。
⑤ 三分天下有其二：《逸周书·程典篇》说："文王令九州之侯，奉勤于商。"相传当时分九州，文王得六州，是三分之二。

译 文 *Yiwen*

舜有五位贤臣，就能治理好天下。周武王也说过："我有十个帮助我治理国家的臣子。"孔子说："人才难得，难道不是这样吗？唐尧和虞舜之间及周武王这个时期，人才是最盛了。但十个大臣当中有一个是妇女，实际上只有九个人而已。周文王得了天下的三分之二，仍然事奉殷朝，周朝的德，可以说是最高的了。"

8·21 子曰："禹，吾无间然矣。菲饮食而致孝乎鬼神，恶衣服而致美乎黻冕[①]；卑宫室而尽力乎沟洫。禹，吾无间然矣。"

注 释 *Zhushi*

① 黻冕：音 fǔ miǎn。祭祀时穿的礼服叫黻；祭祀时戴的帽子叫冕。

译 文 *Yiwen*

孔子说："对于禹，我没有什么可以挑剔的了；他的饮食很简单而尽力去孝敬鬼神；他平时穿的衣服很简朴，而祭祀时尽量穿得华美，他自己住的宫室很低矮，而致力于修治水利事宜。对于禹，我确实没有什么挑剔的了。"

子罕篇　第九

本篇共包括三十一章。其中著名的文句有：“出则事公卿，入则事父兄”；“后生可畏，焉知来者之不如今也”；“三军可夺帅，匹夫不可夺志也”；“岁寒然后知松柏之后彫也”；“知者不惑，仁者不忧，勇者不惧”。本篇涉及孔子的道德教育思想；孔子弟子对其师的议论。此外，还记述了孔子的某些活动。

9·1　子罕言利，与[①]命与仁。

注释 Zhushi

① 与：赞同、肯定。

译文 Yiwen

孔子很少谈到利益，却赞成天命和仁德。

9·2　达巷党人[①]曰：“大哉孔子！博学而无所成名[②]。”子闻之，谓门弟子曰：“吾何执？执御乎？执射乎？吾执御矣。”

注释 Zhushi

① 达巷党人：古代五百家为一党，达巷是党名。这是说达巷党这地方的人。

② 博学而无所成名：学问渊博，因而不能以某一方面来称道他。

译文 Yiwen

达巷党这个地方有人说：“孔子真伟大啊！他学问渊博，因而不能以某一方面的专长来称赞他。”孔子听说了，对他的学生说：“我要专长于哪个方面呢？

驾车呢？还是射箭呢？我还是驾车吧。”

9·3　子曰：“麻冕①，礼也；今也纯②，俭③，吾从众。拜下，礼也；今拜乎上，泰④也。虽违众，吾从下。”

注释 Zhushi

① 麻冕：麻布制成的礼帽。

② 纯：丝绸，黑色的丝。

③ 俭：俭省，麻冕费工，用丝则俭省。

④ 泰：这里指骄纵、傲慢。

译文 Yiwen

孔子说：“用麻布制成的礼帽，符合于礼的规定。现在大家都用黑丝绸制作，这样比过去节省了，我赞成大家的做法。（臣见国君）首先要在堂下跪拜，这也是符合于礼的。现在大家都到堂上跪拜，这是骄纵的表现。虽然与大家的做法不一样，我还是主张先在堂下拜。”

9·4　子绝四：毋意①，毋必，毋固，毋我。

注释 Zhushi

① 意：同“臆”，猜想，猜疑。

译文 Yiwen

孔子杜绝了四种弊病：没有主观猜疑，没有定要实现的期望，没有固执己见之举，没有自私之心。

9·5　子畏于匡①，曰：“文王②既没，文不在兹乎？天之将丧斯文也，后死者不得与于斯文也；天之未丧斯文也，匡人其如予何？”

注 释 Zhushi

① 畏于匡：匡，地名，在今河南省长垣县西南。畏，受到威胁。公元前496年，孔子从卫国到陈国去经过匡地。匡人曾受到鲁国阳虎的掠夺和残杀。孔子的相貌与阳虎相像，匡人误以孔子就是阳虎，所以将他围困。

② 文王：周文王，姓姬名昌，西周开国之君周武王的父亲，是孔子认为的古代圣贤之一。

译 文 Yiwen

孔子被匡地的人们所围困时，他说："周文王死了以后，周代的礼乐文化不都体现在我的身上吗？上天如果想要消灭这种文化，那我就不可能掌握这种文化了；上天如果不消灭这种文化，那么匡人又能把我怎么样呢？"

9·6　太宰[①]问于子贡曰："夫子圣者与？何其多能也？"子贡曰："固天纵之将圣，又多能也。"子闻之，曰："太宰知我乎？吾少也贱，故多能鄙事。君子多乎哉？不多也。"

注 释 Zhushi

① 太宰：官名，掌握国君宫廷事务。这里的太宰，有人说是吴国的太宰伯，但不能确认。

译 文 Yiwen

太宰问子贡说："孔夫子是位圣人吧？为什么这样多才多艺呢？"子贡说："这本是上天让他成为圣人，而且使他多才多艺。"孔子听到后说："太宰怎么会了解我呢？我因为少年时地位低贱，所以会许多卑贱的技艺。君子会有这么多的技艺吗？不会多的。"

9·7 牢[1]曰："子云：'吾不试[2]，故艺。'"

注 释 Zhushi

① 牢：郑玄说此人系孔子的学生，但在《史记·仲尼弟子列传》中未见此人。
② 试：用，被任用。

译 文 Yiwen

子牢说："孔子说过，'我（年轻时）没有去做官，所以会许多技艺。'"

9·8 子曰："吾有知乎哉？无知也。有鄙夫[1]问于我，空空如也。我叩其两端[2]而竭焉。"

注 释 Zhushi

① 鄙夫：孔子称乡下人、社会下层的人。
② 两端：两头，指正反、始终、上下方面。

译 文 Yiwen

孔子说："我有知识吗？其实没有知识。有一个乡下人问我，我对他谈的问题本来一点也不知道。我只是从问题的两端去问，这样对此问题就可以全部搞清楚了。"

9·9 子曰："凤鸟[1]不至，河不出图[2]，吾已矣夫！"

注 释 Zhushi

① 凤鸟：古代传说中的一种神鸟。传说凤鸟在舜和周文王时代都出现过，它的出现象征着"圣王"将要出世。
② 河不出图：传说在上古伏羲氏时代，黄河中有龙马背负八卦图而出。它的出现也象征着"圣王"将要出世。

译 文 *Yiwen*

孔子说："凤鸟不来了，黄河中也不出现八卦图了。我这一生也就完了吧！"

9·10 子见齐衰[①]者，冕衣裳者[②]与瞽[③]者，见之，虽少，必作[④]；过之，必趋。

注 释 *Zhushi*

① 齐衰：音 zī cuī，丧服，古时用麻布制成。

② 冕衣裳者：冕，官帽；衣，上衣；裳，下服，这里统指官服。冕衣裳者指贵族。

③ 瞽：音 gǔ，盲。

④ 作：站起来，表示敬意。

译 文 *Yiwen*

孔子遇见穿丧服的人，当官的人和盲人时，虽然他们年轻，也一定要站起来，从他们面前经过时，一定要快步走过。

9·11 颜渊喟然叹曰："仰之弥高，钻之弥坚，瞻之在前，忽焉在后。夫子循循然善诱人，博我以文，约我以礼，欲罢不能。即竭吾才，如有所立卓尔。虽欲从之，末由也已。"

译 文 *Yiwen*

颜渊感叹地说："（对于老师的学问与道德），我抬头仰望，越望越觉得高；我努力钻研，越钻研越觉得不可穷尽。看着它好像在前面，忽然又像在后面。老师善于一步一步地诱导我，用各种典籍来丰富我的知识，又用各种礼节来约束我的言行，使我想停止学习都不可能，直到我用尽了我的全力。好像有一个十分高大的东西立在我前面，虽然我想要追随上去，却没有前进的路径了。"

9·12　子疾病，子路使门人为臣[①]。病间[②]，曰："久矣哉，由之行诈也。无臣而为有臣。吾谁欺？欺天乎？且予与其死于臣之手也，无宁死于二三子之手乎？且予纵不得大葬[③]，予死于道路乎？"

注 释 Zhushi

① 为臣：臣，指家臣，总管。孔子当时不是大夫，没有家臣，但子路叫门人充当孔子的家臣，准备由此人负责总管安葬孔子之事。

② 病间：病情减轻。

③ 大葬：指大夫的葬礼。

译 文 Yiwen

孔子患了重病，子路派了（孔子的）门徒去作孔子的家臣，（负责料理后

事，）后来，孔子的病好了一些，他说："仲由很久以来就干这种弄虚作假的事情。我明明没有家臣，却偏偏要装作有家臣，我骗谁呢？我骗上天吧？与其在家臣的侍候下死去，我宁可在你们这些学生的侍候下死去，这样不是更好吗？而且即使我不能以大夫之礼来安葬，难道就会被丢在路边没人埋吗？"

9·13　子贡曰："有美玉于斯，韫匵[①]而藏诸？求善贾[②]而沽诸？"子曰："沽之哉，沽之哉！我待贾者也。"

注　释 Zhushi

① 韫匵：音 yùn dú，收藏物件的柜子。
② 善贾：识货的商人。

译　文 Yiwen

子贡说："这里有一块美玉，是把它收藏在柜子里呢？还是找一个识货的商人卖掉呢？"孔子说："卖掉吧，卖掉吧！我正在等着识货的人呢。"

9·14　子欲居九夷[①]。或曰："陋，如之何？"子曰："君子居之，何陋之有？"

注　释 Zhushi

① 九夷：中国古代对于东方少数民族的通称。

译　文 Yiwen

孔子想要搬到九夷地方去居住。有人说："那里非常落后闭塞，不开化，怎么能住呢？"孔子说："有君子去住，就不闭塞落后了。"

9·15　子曰："吾自卫反鲁[①]，然后乐正[②]，《雅》《颂》[③]各得其所。"

注　释 *Zhushi*

① 自卫反鲁：公元前484年（鲁哀公十一年）冬，孔子从卫国返回鲁国，结束了十四年游历不定的生活。
② 乐正：调整乐曲的篇章。
③《雅》《颂》：这是《诗经》中两类不同的诗的名称。也是指雅乐、颂乐等乐曲名称。

译　文 *Yiwen*

孔子说："我从卫国返回到鲁国以后，乐才得到整理，雅乐和颂乐各有适当的安排。"

9·16　子曰："出则事公卿，入则事父兄，丧事不敢不勉，不为酒困，何有于我哉。"

译　文 *Yiwen*

孔子说："在外事奉公卿，在家孝敬父兄，有丧事不敢不尽力去办，不被酒所困，这些事对我来说有什么困难呢？"

9·17　子在川上曰："逝者如斯夫，不舍昼夜。"

译　文 *Yiwen*

孔子在河边说："消逝的时光就像这河水一样啊，不分昼夜地向前流去。"

9·18　子曰："吾未见好德如好色者也。"

译　文 *Yiwen*

孔子说："我没有见过像好色那样好德的人。"

9·19 子曰："譬如为山，未成一篑，止，吾止也；譬如平地，虽覆一篑，进，吾往也。"

译 文 Yiwen

孔子说："譬如用土堆山，只差一筐土就完成了，这时停下来，那是我自己要停下来的；譬如在平地上堆山，虽然只倒下一筐，这时继续前进，那是我自己要前进的。"

9·20 子曰："语之而不惰者，其回也与！"

译 文 Yiwen

孔子说："听我说话而能毫不懈怠的，只有颜回一个人吧！"

9·21 子谓颜渊曰："惜乎！吾见其进也，未见其止也。"

译 文 Yiwen

孔子对颜渊说："可惜呀！我只见他不断前进，从来没有看见他停止过。"

9·22 子曰："苗而不秀①者有矣夫；秀而不实者有矣夫！"

注 释 Zhushi

① 秀：稻、麦等庄稼吐穗扬花叫秀。

译 文 Yiwen

孔子说："庄稼出了苗而不能吐穗扬花的情况是有的；吐穗扬花而不结果实的情况也是有的。"

9·23 子曰："后生可畏，焉知来者之不如今也？四十、五十而无闻焉，斯亦不足畏也已。"

译　文 Yiwen

孔子说："年轻人是值得敬畏的，怎么就知道后一代不如前一代呢？如果到了四五十岁时还默默无闻，那他就没有什么可以敬畏的了。"

9·24　子曰："法语之言[①]，能无从乎？改之为贵。巽与之言[②]，能无说乎？绎[③]之为贵。说而不绎，从而不改，吾末如之何也已矣。"

注　释 Zhushi

① 法语之言：法，指礼仪规则。这里指以礼法规则正言规劝。
② 巽与之言：巽，恭顺，谦逊。与，称许，赞许。这里指恭顺赞许的话。
③ 绎：原义为"抽丝"，这里指推究，追求，分析，鉴别。

译　文 Yiwen

孔子说："符合礼法的正言规劝，谁能不听从呢？但（只有按它来）改正自己的错误才是可贵的。恭顺赞许的话，谁能听了不高兴呢？但只有认真推究它（的真伪是非），才是可贵的。只是高兴而不去分析，只是表示听从而不改正错误，（对这样的人）我拿他实在是没有办法了。"

9·25　子曰："主忠信，毋友不如己者，过则勿惮改。"[①]

注　释 Zhushi

① 此章重出，见《学而》篇第一之第八章。

9·26　子曰："三军可夺帅也，匹夫不可夺志也。"

译　文 Yiwen

孔子说："一国军队，可以夺去它的主帅；但一个男子汉，他的志向是不能强迫改变的。"

9·27 子曰："衣敝缊袍[①]，与衣狐貉[②]者立而不耻者，其由也与？不忮不求，何用不臧[③]？"子路终身诵之。子曰："是道也，何足以臧？"

注 释 Zhushi

① 敝缊袍：敝，坏。缊，音 yùn，旧的丝棉絮。这里指破旧的丝棉袍。
② 狐貉：用狐和貉的皮做的裘皮衣服。
③ 不忮不求，何用不臧：这两句见《诗经·邶风·雄雉》篇。忮，音 zhì，害的意思。臧，善，好。

译 文 Yiwen

孔子说："穿着破旧的丝棉袍子，与穿着狐貉皮袍的人站在一起而不认为是可耻的，大概只有仲由吧。（《诗经》上说：）'不嫉妒，不贪求，为什么说不好呢？'"子路听后，反复背诵这句诗。孔子又说："只做到这样，怎么能说够好了呢？"

9·28 子曰："岁寒，然后知松柏之后凋也。"

译 文 Yiwen

孔子说："到了寒冷的季节，才知道松柏是最后凋谢的。"

9·29 子曰："知者不惑，仁者不忧，勇者不惧。"

译 文 Yiwen

孔子说："聪明人不会迷惑，有仁德的人不会忧愁，勇敢的人不会畏惧。"

9·30 子曰："可与共学，未可与适道；可与适道，未可与立[①]；可与立，未可与权[②]。"

注释 Zhushi

① 立：坚持道而不变。
② 权：秤锤。这里引申为权衡轻重。

译文 Yiwen

孔子说："可以一起学习的人，未必都能学到道；能够学到道的人，未必能够坚守道；能够坚守道的人，未必能够随机应变。"

9·31　"唐棣①之华，偏其反而②。岂不尔思，室是远而③。"子曰："未之思也，夫何远之有？"

注释 Zhushi

① 唐棣：一种植物，属蔷薇科，落叶灌木。
② 偏其反而：形容花摇动的样子。
③ 室是远而：只是住的地方太远了。

译文 Yiwen

古代有一首诗这样写道："唐棣的花朵啊，翩翩地摇摆。我岂能不想念你吗？只是由于家住的地方太远了。"孔子说："他还是没有真的想念，如果真的想念，有什么遥远呢？"

乡党篇　第十

本篇共二十七章，集中记载了孔子的容色言动、衣食住行，颂扬孔子是个一举一动都符合礼的正人君子。例如孔子在面见国君时、面见大夫时的态度；他出入于公门和出使别国时的表现，都显示出正直、仁德的品格。本篇中还记载了孔子日常生活的一些侧面，为人们全面了解孔子、研究孔子，提供了生动活泼的素材。

10·1　孔子于乡党，恂恂①如也，似不能言者。其在宗庙、朝廷，便便②言，唯谨尔。

注释 Zhushi

① 恂恂：恂音 xù，温和恭顺的样子。

② 便便：便通“辩”，善于辞令的意思。

译文 Yiwen

孔子在本乡的地方上显得很温和恭敬，像是不会说话的样子。但他在宗庙里、朝廷上，却很善于言辞，只是说得比较谨慎而已。

10·2　朝，与下大夫言，侃侃①如也；与上大夫言，訚訚②如也。君在，踧踖③如也，与与④如也。

注释 Zhushi

① 侃侃：说话理直气壮，不卑不亢，温和快乐的样子。

② 訚訚：音 yín，正直，和颜悦色而又能直言诤辩。

③ 踧踖：音 cù jí，恭敬而不安的样子。
④ 与与：小心谨慎、威仪适中的样子。

译 文 Yiwen

孔子在上朝的时候，（国君还没有到来，）同下大夫说话，温和而快乐的样子；同上大夫说话，正直而公正的样子；国君已经来了，恭敬而心中不安的样子，但又仪态适中。

10·3 君召使摈[①]，色勃如也；足躩[②]如也。揖所与立，左右手，衣前后，襜[③]如也。趋进，翼如也。宾退，必复命曰："宾不顾矣。"

注 释 Zhushi

① 摈：音 bìn，动词，负责招待国君的官员。
② 躩：音 jué，脚步快的样子。
③ 襜：音 chān，整齐之貌。

译 文 Yiwen

国君召孔子去接待宾客，孔子脸色立即庄重起来，脚步也快起来，他向和他站在一起的人作揖，手向左或向右作揖，衣服前后摆动，却整齐不乱。快步走的时候，像鸟儿展开双翅一样。宾客走后，必定向君主回报说："客人已经不回头张望了。"

10·4 入公门，鞠躬如也，如不容。立不中门，行不履阈[①]。过位，色勃如也，足躩如也，其言似不足者。摄齐[②]升堂，鞠躬如也，屏气似不息者。出，降一等，逞颜色，怡怡如也。没阶[③]，趋进，翼如也。复其位，踧踖如也。

注 释 Zhushi

① 履阈：阈，音 yù，门槛。脚踩门槛。

② 摄齐：齐，音 zī，衣服的下摆。摄，提起。提起衣服的下摆。

③ 没阶：走完了台阶。

译 文 Yiwen

孔子走进朝廷的大门，谨慎而恭敬的样子，好像没有他的容身之地。站，他不站在门的中间；走，也不踩门槛。经过国君的座位时，他脸色立刻庄重起来，脚步也加快起来，说话也好像中气不足一样。提起衣服下摆向堂上走的时候，恭敬谨慎的样子，憋住气好像不呼吸一样。退出来，走下台阶，脸色便舒展开了，怡然自得的样子。走完了台阶，快快地向前走几步，姿态像鸟儿展翅一样。回到自己的位置，是恭敬而不安的样子。

10·5 执圭[①]，鞠躬如也，如不胜。上如揖，下如授。勃如战色，足蹜蹜，如有循[②]。享礼，有容色。私觌，愉愉如也。

注 释 Zhushi

① 圭：一种上圆下方的玉器，举行典礼时，不同身份的人拿着不同的圭。出使邻国，大夫拿着圭作为代表君主的凭信。

② 如有循：循，沿着。好像沿着一条直线往前走一样。

译 文 Yiwen

（孔子出使别的诸侯国，）拿着圭，恭敬谨慎，像是举不起来的样子。向上举时好像在作揖，放在下面时好像是给人递东西。脸色庄重得像战栗的样子，步子很小，好像沿着一条直线往前走。在举行赠送礼物的仪式时，显得和颜悦色。和国君举行私下会见的时候，更轻松愉快了。

10·6　君子不以绀緅饰[1]，红紫不以为亵服[2]。当暑，袗絺绤[3]，必表而出之。缁衣，羔裘；素衣，麑裘；黄衣，狐裘。亵裘长，短右袂。必有寝衣，长一身有半。狐貉之厚以居[4]。去丧，无所不佩。非帷裳[5]，必杀之[6]。羔裘玄冠[7]不以吊。吉月[8]，必朝服而朝。

注释 Zhushi

① 不以绀緅饰：绀，音gàn，深青透红，斋戒时服装的颜色。緅，音zōu，黑中透红，丧服的颜色。这里是说，不以深青透红或黑中透红的颜色布给平常穿的衣服镶上边作饰物。

② 红紫不以为亵服：亵服，平时在家里穿的衣服。古人认为，红紫不是正色，便服不宜用红紫色。

③ 袗絺绤：袗，音zhěn，单衣。絺，音chī，细葛布。绤，音xì，粗葛布。这里是说，穿粗的或细的葛布单衣。

④ 狐貉之厚以居：狐貉之厚，厚毛的狐貉皮。居，坐。

⑤ 帷裳：上朝和祭祀时穿的礼服，用整幅布制作，不加以裁剪。折叠缝上。

⑥ 必杀之：一定要裁去多余的布。杀，裁。

⑦ 羔裘玄冠：黑色皮礼貌。

⑧ 吉月：每月初一。一说正月初一。

译文 Yiwen

君子不用深青透红或黑中透红的布镶边，不用红色或紫色的布做平常在家穿的衣服。夏天穿粗的或细的葛布单衣，但一定要套在内衣外面。黑色的羔羊皮袍，配黑色的罩衣。白色的鹿皮袍，配白色的罩衣。黄色的狐皮袍，配黄色的罩衣。平常在家穿的皮袍做得长一些，右边的袖子短一些。睡觉一定要有睡衣，要有一身半长。用狐貉的厚毛皮做坐垫。丧服期满，脱下丧服后，便佩带上各种各样的装饰品。如果不是礼服，一定要加以剪裁。不穿着黑色的羔羊皮袍和

戴着黑色的帽子去吊丧。每月初一，一定要穿着礼服去朝拜君主。

10·7　齐[①]，必有明衣[②]，布。齐必变食[③]，居必迁坐[④]。

注　释 *Zhushi*

① 齐：同斋。
② 明衣：斋前沐浴后穿的浴衣。
③ 变食：改变平常的饮食。指不饮酒，不吃葱、蒜等有刺激味的东西。
④ 居必迁坐：指从内室迁到外室居住，不和妻妾同房。

译　文 *Yiwen*

斋戒沐浴的时候，一定要有浴衣，用布做的。斋戒的时候，一定要改变平常的饮食，居住也一定搬移地方（不与妻妾同房）。

10·8　食不厌精，脍[①]不厌细。食饐[②]而餲[③]，鱼馁[④]而肉败，不食。色恶，不食。臭恶，不食。失饪，不食。不时，不食。割不正，不食。不得其酱，不食。肉虽多，不使胜食气[⑤]。唯酒无量，不及乱。沽酒市脯，不食。不撤姜食，不多食。

注　释 *Zhushi*

① 脍：音 kuài，切细的鱼、肉。
② 饐：音 yì，陈旧。食物放置时间长了。
③ 餲：音 ài，变味了。
④ 馁：音 něi，鱼腐烂，这里指鱼不新鲜。
⑤ 气：同“饩”，音 xì，即粮食。

译　文 *Yiwen*

粮食不嫌舂得精，鱼和肉不嫌切得细。粮食陈旧和变味了，鱼和肉腐烂了，都不吃。食物的颜色变了，不吃。气味变了，不吃。烹调不当，不吃。不时新的东西，不吃。肉切得不方正，不吃。佐料放得不适当，不吃。席上的肉虽多，但吃的量不超过米面的量。只有酒没有限制，但不喝醉。从市上买来的肉干和酒，不吃。每餐必须有姜，但也不多吃。

10·9　祭于公，不宿肉，祭肉不出三日。出三日，不食之矣。

译 文 *Yiwen*

孔子参加国君祭祀典礼时分到的肉，不能留到第二天。祭祀用过的肉不超过三天。超过三天，就不吃了。

10·10　食不语，寝不言。

译 文 *Yiwen*

吃饭的时候不说话，睡觉的时候也不说话。

10·11　虽疏食菜羹，瓜祭[①]，必齐如也。

注 释 *Zhushi*

① 瓜祭：古人在吃饭前，把席上各种食品分出少许，放在食具之间祭祖。

译 文 *Yiwen*

即使是粗米饭蔬菜汤，吃饭前也要把它们取出一些来祭祖，而且表情要像斋戒时那样严肃恭敬。

10·12　席不正，不坐。

译　文 *Yiwen*

席子放得不端正，不坐。

10·13　乡人饮酒[1]，杖者[2]出，斯出矣。

注　释 *Zhushi*

① 乡人饮酒：指当时的乡饮酒礼。
② 杖者：拿拐杖的人，指老年人。

译　文 *Yiwen*

行乡饮酒的礼仪结束后，（孔子）一定要等老年人先出去，然后自己才出去。

10·14　乡人傩[1]，朝服而立于阼阶[2]。

注　释 *Zhushi*

① 傩：音 nuó。古代迎神驱鬼的宗教仪式。
② 阼阶：阼，音 zuò，东面的台阶。主人立在大堂东面的台阶，在这里欢迎客人。

译　文 *Yiwen*

乡里人举行迎神驱鬼的宗教仪式时，孔子总是穿着朝服站在东边的台阶上。

10·15　问人于他邦，再拜而送之。

译　文 *Yiwen*

（孔子）托人向在其他诸侯国的朋友问候送礼，便向受托者拜两次送行。

10·16　康子馈药，拜而受之。曰："丘未达，不敢尝。"

译 文 *Yiwen*

季康子给孔子赠送药品，孔子拜谢之后接受了，说："我对药性不了解，不敢尝。"

10 · 17　**厩焚。子退朝，曰："伤人乎？"不问马。**

译 文 *Yiwen*

马棚失火烧掉了。孔子退朝回来，说："伤人了吗？"不问马的情况怎么样。

10 · 18　**君赐食，必正席先尝之。君赐腥①，必熟而荐②之。君赐生，必畜之。侍食于君，君祭，先饭。**

注 释 *Zhushi*

① 腥：牛肉。
② 荐：供奉。

译 文 *Yiwen*

国君赐给熟食，孔子一定摆正座席先尝一尝。国君赐给生肉，一定煮熟了，先给祖宗上供。国君赐给活物，一定要饲养起来。同国君一道吃饭，在国君举行饭前祭礼的时候，一定要先尝一尝。

10 · 19　**疾，君视之，东首，加朝服，拖绅①。**

注 释 *Zhushi*

① 绅：束在腰间的大带子。

译 文 *Yiwen*

孔子病了，国君来探视，他便头朝东躺着，身上盖上朝服，拖着大带子。

10·20　君命召，不俟驾行矣。

译　文 Yiwen

国君召见（孔子），他不等车马驾好就先步行走去了。

10·21　入太庙，每事问。[①]

注　释 Zhushi

① 此章重出。译文参见《八佾》篇第三之第十五章。

10·22　朋友死，无所归，曰："于我殡。"

译　文 Yiwen

（孔子的）朋友死了，没有亲属负责敛埋，孔子说："丧事由我来办吧。"

10·23　朋友之馈，虽车马，非祭肉，不拜。

译　文 Yiwen

朋友馈赠物品，即使是车马，不是祭肉，（孔子在接受时）也是不拜的。

10·24　寝不尸，居不客。

译　文 Yiwen

（孔子）睡觉不像死尸一样挺着，平日家居也不像做客或接待客人时那样庄重严肃。

10·25　见齐衰[⑦]者，虽狎，必变。见冕者与瞽者，虽亵[②]，必以貌。凶服者式[③]之。式负版者[④]。有盛馔，必变色而作[⑤]。迅雷风烈，必变。

注 释 Zhushi

① 齐衰：zī cuī，指丧服。

② 亵：音xiè，常见、熟悉。

③ 式：同轼，古代车辆前部的横木。这里作动词用。遇见地位高的人或其他人时，驭手身子向前微俯，伏在横木上，以示尊敬或者同情。这在当时是一种礼节。

④ 负版者：背负国家图籍的人。当时无纸，用木版来书写，故称“版”。

⑤ 作：站起来。

译 文 Yiwen

（孔子）看见穿丧服的人，即使是关系很亲密的，也一定要把态度变得严肃起来。看见当官的和盲人，即使是常在一起的，也一定要有礼貌。在乘车时遇见穿丧服的人，便俯伏在车前横木上（以示同情）。遇见背负国家图籍的人，也这样做（以示敬意）。（作客时，）如果有丰盛的筵席，就神色一变，并站起来致谢。遇见迅雷大风，一定要改变神色（以示对上天的敬畏）。

10 · 26　升车，必正立，执绥①。车中，不内顾②，不疾言，不亲指③。

注 释 Zhushi

① 绥：上车时扶手用的索带。

② 内顾：回头看。

③ 不亲指：不用自己的手指划。

译 文 Yiwen

上车时，一定先直立站好，然后拉着扶手带上车。在车上，不回头，不高声说话，不用自己的手指指点点。

10 · 27　色斯举矣①，翔而后集。曰：“山梁雌雉，时哉时哉！”

子路共②之，三嗅而作③。

注 释 Zhushi

① 色斯举矣：色，脸色。举，鸟飞起来。

② 共：同“拱”。

③ 三嗅而作：嗅，应为“狊”字之误。狊，音 jù，指鸟张开翅膀。一本作“戛”字，指鸟的长叫声。

译 文 Yiwen

孔子在山谷中行走，看见一群野鸡在那儿飞，孔子神色动了一下，野鸡飞翔了一阵落在树上。孔子说：“这些山梁上的母野鸡，得其时呀！得其时呀！”子路向它们拱拱手，野鸡便叫了几声飞走了。

先进篇　第十一

本篇共有二十六章，其中著名的文句有："未能事人，焉能事鬼？""未知生，焉知死"；"过犹不及"等。这一篇中包括孔子对弟子们的评价，并以此为例说明"过犹不及"的中庸思想；学习各种知识与日后做官的关系；孔子对待鬼神、生死问题的态度。最后一章里，孔子和他的学生们各述其志向，反映出孔子政治思想上的倾向。

11·1　子曰："先进于礼乐，野人也；后进于礼乐，君子也。如用之，则吾从先进。"

译　文 Yiwen

孔子说："先学习礼乐而后再做官的人，是（原来没有爵禄的）平民；先当了官然后再学习礼乐的人，是君子。如果要先用人才，那我主张选用先学习礼乐的人。"

11·2　子曰："从我于陈、蔡者，皆不及门①也。"

注　释 Zhushi

① 不及门：门，这里指受教的场所。不及门，是说不在跟前受教。

译　文 Yiwen

孔子说："曾跟随我从陈国到蔡地去的学生，现在都不在我身边受教了。"

11·3 德行[1]：颜渊、闵子骞、冉伯牛、仲弓。言语[2]：宰我、子贡。政事[3]：冉有、季路。文学[4]：子游、子夏。

注 释 Zhushi

① 德行：指能实行孝悌、忠恕等道德。

② 言语：指善于辞令，能办理外交。

③ 政事：指能从事政治事务。

④ 文学：指通晓诗书礼乐等古代文献。

译 文 Yiwen

德行好的有：颜渊、闵子骞、冉伯牛、仲弓。善于辞令的有：宰我、子贡。擅长政事的有：冉有、季路。通晓文献知识的有：子游、子夏。

11·4 子曰："回也非助我者也，于吾言无所不说。"

译 文 Yiwen

孔子说："颜回不是对我有帮助的人，他对我说的话没有不心悦诚服的。"

11·5 子曰："孝哉闵子骞！人不间于其父母昆弟之言。"

译 文 Yiwen

孔子说："闵子骞真是孝顺呀！人们对于他的父母兄弟称赞他的话，没有什么异议。"

11·6 南容三复白圭[1]，孔子以其兄之子妻之。

注 释 Zhushi

① 白圭：白圭指《诗经·大雅·抑》的诗句"白圭之玷，尚可磨也；斯兰之玷，

不可为也”，意思是白玉上的污点还可以磨掉，我们言论中有毛病，就无法挽回了。这是告诫人们要谨慎自己的言语。

译 文 Yiwen

南容反复诵读“白圭之玷，尚可磨也；斯言不玷，不可为也”的诗句。孔子把侄女嫁给了他。

11·7　季康子问：“弟子孰为好学？”孔子对曰：“有颜回者好学，不幸短命死矣，今也则亡。”

译 文 Yiwen

季康子问孔子：“你的学生中谁是好学的？”孔子回答说：“有一个叫颜回的学生很好学，不幸短命死了。现在再也没有像他那样的了。”

11·8　颜渊死，颜路[1]请子之车以为之椁[2]。子曰：“才不才，亦各言其子也。鲤[3]也死，有棺而无椁。吾不徒行以为之椁。以吾从大夫之后[4]，不可徒行也。”

注 释 Zhushi

① 颜路：颜无繇（yóu），字路，颜渊的父亲，也是孔子的学生，生于公元前545年。
② 椁：音guǒ，古人所用棺材，内为棺，外为椁。
③ 鲤：孔子的儿子，字伯鲁，死时50岁，孔子其时70岁。
④ 从大夫之后：跟随在大夫们的后面，意即当过大夫。孔子在鲁国曾任司寇，是大夫一级的官员。

译 文 Yiwen

颜渊死了，（他的父亲）颜路请求孔子卖掉车子，给颜渊买个外椁。孔子说：

“（虽然颜渊和鲤）一个有才一个无才，但各自都是自己的儿子。孔鲤死的时候，也是有棺无椁。我没有卖掉自己的车子步行而给他买椁。因为我还跟随在大夫之后，是不可以步行的。”

11·9　颜渊死，子曰：“噫！天丧予！天丧予！”

译 文 *Yiwen*

颜渊死了，孔子说：“唉！是老天爷真要我的命呀！是老天爷真要我的命呀！”

11·10　颜渊死，子哭之恸。从者曰：“子恸矣。”曰：“有恸乎？非夫人之为恸而谁为？”

译 文 *Yiwen*

颜渊死了，孔子哭得极其悲痛。跟随孔子的人说：“您悲痛过度了！”孔子说：“是太悲伤过度了吗？我不为这个人悲伤过度，又为谁呢？”

11·11　颜渊死，门人欲厚葬之，子曰：“不可。”门人厚葬之。子曰：“回也视予犹父也，予不得视犹子也。非我也，夫二三子也。”

译 文 *Yiwen*

颜渊死了，孔子的学生们想要隆重地安葬他。孔子说：“不能这样做。”学生们仍然隆重地安葬了他。孔子说：“颜回把我当父亲一样看待，我却不能把他当亲生儿子一样看待。这不是我的过错，是那些学生们干的呀。”

11·12　季路问事鬼神。子曰：“未能事人，焉能事鬼？”曰：“敢问死。”曰：“未知生，焉知死？”

译 文 Yiwen

季路问怎样事奉鬼神。孔子说："没能事奉好人，怎么能事奉鬼呢？"季路说："请问死是怎么回事？"（孔子回答）说："还不知道活着的道理，怎么能知道死呢？"

11·13 闵子侍侧，訚訚[①]如也；子路，行行[②]如也；冉有、子贡，侃侃如也。子乐。"若由也，不得其死然。"

注 释 Zhushi

① 訚訚：訚，音 yín，和颜悦色的样子。

② 行行：行，音 hàng，刚强的样子。

译 文 Yiwen

闵子骞侍立在孔子身旁，一派和悦而温顺的样子；子路是一副刚强的样子；冉有、子贡是温和快乐的样子。孔子高兴了。但孔子又说："像仲由这样，只怕不得好死吧！"

11·14 鲁人[①]为长府[②]。闵子骞曰："仍旧贯[③]，如之何？何必改作？"子曰："夫人不言，言必有中。"

注 释 Zhushi

① 鲁人：这里指鲁国的当权者。这就是人和民的区别。

② 为长府：为，这里是改建的意思。藏财货、兵器等的仓库叫"府"，长府是鲁国的国库名。

③ 仍旧贯：贯：事，例。沿袭老样子。

译 文 Yiwen

鲁国翻修长府的国库。闵子骞道："照老样子下去，怎么样？何必改建呢？"

孔子道：“这个人平日不大开口，一开口就说到要害上。”

11·15　子曰：“由之瑟，奚为于丘之门？”门人不敬子路。子曰：“由也升堂矣[1]，未入于室也。”

注　释 *Zhushi*

① “由也升堂矣”句：堂是正厅，室是内室，用以形容学习程度的深浅。

译　文 *Yiwen*

孔子说：“仲由弹瑟，为什么在我这里弹呢？”孔子的学生们因此都不尊敬子路。孔子便说：“仲由嘛，他在学习上已经达到升堂的程度了，只是还没有入室罢了。”

11·16　子贡问：“师与商[1]也，孰贤？”子曰：“师也过，商也不及。”曰：“然则师愈[2]与？”子曰：“过犹不及。”

注　释 *Zhushi*

① 师与商：师，颛孙师，即子张。商，卜商，即子夏。
② 愈：胜过，强些。

译　文 *Yiwen*

子贡问孔子：“子张和子夏二人谁更好一些呢？”孔子回答说：“子张过分，子夏不足。”子贡说：“那么是子张好一些吗？”孔子说：“过度和不足是一样的。”

11·17　季氏富于周公，而求也为之聚敛而附益之。子曰：“非吾徒也。小子鸣鼓而攻之可也。”

译 文 Yiwen

季氏比周朝的公侯还要富有，而冉求还帮他搜刮来增加他的钱财。孔子说："他不是我的学生了，你们可以大张旗鼓地去攻击他吧！"

11 · 18　柴[①]也愚，参也鲁，师也辟[②]，由也喭[③]。

注 释 Zhushi

① 柴：即高柴，字子羔，孔子学生，比孔子小 30 岁，公元前 521 年出生。
② 辟：偏激，邪。
③ 喭：音 yàn，鲁莽，粗鲁，刚猛。

译 文 Yiwen

高柴愚直，曾参迟钝，颛孙师偏激，仲由鲁莽。

11·19　子曰："回也其庶乎，屡空。赐不受命，而货殖焉，亿[①]则屡中。"

注 释 Zhushi

① 亿：同"臆"，猜测，估计。

译 文 Yiwen

孔子说："颜回的学问道德接近于完善了吧，可是他常常贫困。端本赐不听命运的安排，去做买卖，猜测行情，往往猜中了。"

11 · 20　子张问善人[①]之道，子曰："不践迹[②]，亦不入于室[③]。"

注 释 Zhushi

① 善人：指本质善良但没有经过学习的人。

② 践迹：迹，脚印。踩着前人的脚印走。
③ 入于室：比喻学问和修养达到了精深地步。

译 文 Yiwen

子张问做善人的方法。孔子说："如果不沿着前人的脚印走，其学问和修养就不到家。"

11·21　子曰："论笃是与①，君子者乎？色庄者乎？"

注 释 Zhushi

① 论笃是与：论，言论。笃，诚恳。与，赞许。意思是对说话笃实诚恳的人表示赞许。

译 文 Yiwen

孔子说："听到人议论笃实诚恳就表示赞许，但还应看他是真君子呢？还是伪装庄重的人呢？"

11·22　子路问："闻斯行诸？"子曰："有父兄在，如之何其闻斯行之？"冉有问："闻斯行诸？"子曰："闻斯行之。"公西华曰："由也问闻斯行诸，子曰，'有父兄在'；求也问闻斯行诸，子曰，'闻斯行之'。赤也惑，敢问。"子曰："求也退，故进之；由也兼人，故退之。"

译 文 Yiwen

子路问："听到了就行动起来吗？"孔子说："有父兄在，怎么能听到就行动起来呢？"冉有问："听到了就行动起来吗？"孔子说："听到了就行动起来。"公西华说："仲由问'听到了就行动起来吗？'你回答说'有父兄健在'，冉求问'听到了就行动起来吗？'你回答'听到了就行动起来'。我被弄糊涂了，敢再问个明白。”孔子说：“冉求总是退缩，所以我鼓励他；仲由好勇过人，所以我约束他。”

11·23 子畏于匡，颜渊后。子曰：“吾以女为死矣。”曰：“子在，回何敢死？”

译 文 *Yiwen*

孔子在匡地受到当地人围困，颜渊最后才逃出来。孔子说：“我以为你已经死了呢。”颜渊说：“夫子还活着，我怎么敢死呢？”

11·24 季子然[①]问：“仲由、冉求可谓大臣与？”子曰：“吾以子为异之问，曾由与求之问。所谓大臣者，以道事君，不可则止。今由与求也，可谓具臣[②]矣。”曰：“然则从之[③]者与？”子曰：“弑父与君，亦不从也。”

注 释 *Zhushi*

① 季子然：鲁国季氏的同族人。
② 具臣：普通的臣子。
③ 之：代名词，这里指季氏。当时冉求和子路都是季氏的家臣。

译 文 *Yiwen*

季子然问：“仲由和冉求可以算是大臣吗？”孔子说：“我以为你是问别人，原来是问由和求呀。所谓大臣是能够用周公之道的要求来事奉君主，如果这样不行，他宁肯辞职不干。现在由和求这两个人，只能算是充数的臣子罢了。”季子然说：“那么他们会一切都跟着季氏干吗？”孔子说：“杀父亲、杀君主的事，他们也不会跟着干的。”

11·25 子路使子羔为费宰。子曰：“贼[①]夫人之子[②]。”子路曰：“有民人焉，有社稷[3]焉，何必读书，然后为学？”子曰：“是故恶夫佞者。”

注 释 Zhushi

① 贼：害。

② 夫人之子：指子羔。孔子认为他没有经过很好的学习就去从政，这会害了他自己的。

③ 社稷：社，土地神。稷，谷神。这里“社稷”指祭祀土地神和谷神的地方，即社稷坛。古代国都及各地都设立社稷坛，分别由国君和地方长官主祭，故社稷成为国家政权的象征。

译 文 Yiwen

子路让子羔去作费地的长官。孔子说：“这简直是害人子弟。”子路说：“那个地方有老百姓，有社稷，治理百姓和祭祀神灵都是学习，难道一定要读书才算学习吗？”孔子说：“所以我讨厌那种花言巧语狡辩的人。”

11·26 子路、曾皙[7]、冉有、公西华侍坐。子曰：“以吾一日长乎尔，毋吾以也。居[2]则曰：‘不吾知也！’如或知尔，则何以哉？”子路率尔[3]而对曰：“千乘之国，摄乎大国之间，加之以师旅，因之以饥馑，由也为之，比及三年，可使有勇，且知方也。”夫子哂[4]之。“求，尔何如？”对曰：“方六七十，如五六十，求也为之，比及三年，可使足民。如其礼乐，以俟君子。”“赤，尔何如？”对曰：“非曰能之，愿学焉。宗庙之事，如会同，端章甫[5]，愿为小相[6]焉。”“点，尔何如？”鼓瑟希，铿尔，舍瑟而作，对曰：“异乎三子者之撰。”子曰：“何伤乎？亦各言其志也。”曰：“莫春者，春服既成，冠者[7]五六人，童子六七人，浴乎沂[8]，风乎舞雩[9]，咏而归。”夫子喟然叹曰：“吾与点也！”三子者出，曾皙后。曾皙曰：“夫三子者之言何如？”子曰：“亦各言其志也已矣。”曰：“夫子何哂由也？”曰：“为国以礼。其言不让，是故

哂之。"唯求则非邦也与？""安见方六七十如五六十而非邦也者？""唯赤则非邦也与？""宗庙会同，非诸侯而何？赤也为之小，孰能为之大？"

注 释 Zhushi

① 曾皙：名点，字子皙，曾参的父亲，也是孔子的学生。

② 居：平日。

③ 率尔：轻率、急切。

④ 哂：音 shěn，讥讽地微笑。

⑤ 端章甫：端，古代礼服的名称。章甫，古代礼帽的名称。

⑥ 相：赞礼人，司仪。

⑦ 冠者：成年人。古代子弟到 20 岁时行冠礼，表示已经成年。

⑧ 浴乎沂：在水边洗头面手足。沂，水名，发源于山东南部，流经江苏北部入海。

⑨ 舞雩：雩，音 yú。地名，原是祭天求雨的地方，在今山东曲阜。

译 文 Yiwen

子路、曾皙、冉有、公西华四个人陪孔子坐着。孔子说："我年龄比你们大一些，不要因为我年长而不敢说。你们平时总说：'没有人了解我呀！'假如有人了解你们，那你们要怎样去做呢？"子路赶忙回答："一个拥有一千辆兵车的国家，夹在大国中间，常常受到别的国家侵犯，加上国内又闹饥荒，让我去治理，只要三年，就可以使人们勇敢善战，而且懂得礼仪。"孔子听了，微微一笑。孔子又问："冉求，你怎么样呢？"冉求答道："国土有六七十里或五六十里见方的国家，让我去治理，三年以后，就可以使百姓饱暖。至于这个国家的礼乐教化，就要等君子来施行了。"孔子又问："公西赤，你怎么样？"公西赤答道："我不敢说能做到，而是愿意学习。在宗庙祭祀的活动中，或者在同别国的盟会中，我愿意穿着礼服，戴着礼帽，做一个小小的赞礼人。"孔子又问："曾点，你怎么样呢？"这时曾点弹瑟的声音逐渐放慢，接着"铿"的一声，离开瑟站起来，回答说："我想的和他们三位说的不一样。"孔子说："那有什么关系呢？也就是各人讲自己的志向而已。"曾皙说："暮春三月，已经穿上了春天的衣服，我和五六位成年人，六七个少年，去沂河里洗洗澡，在舞雩台上吹吹风，一路唱着歌走回来。"孔子长叹一声说："我是赞成曾皙的想法的。"子路、冉有、公西华三个人的都出去了，曾皙走在后面。他问孔子说："他们三人的话怎么样？"孔子说："也就是各自谈谈自己的志向罢了。"曾皙说："夫子为什么要笑仲由呢？"孔子说："治理国家要讲礼让，可是他说话一点也不谦让，所以我笑他。"曾皙又问："那么是不是冉求讲的不是治理国家呢？"孔子说："哪里见得六七十里或五六十里见方的地方就不是国家呢？"曾皙又问："公西赤讲的不是治理国家吗？"孔子说："宗庙祭祀和诸侯会盟，这不是诸侯的事又是什么？像赤这样的人如果只能做一个小相，那谁又能做大相呢？"

颜渊篇 第十二

本篇共计二十四章。其中著名的文句有："克己复礼为仁，一日克己复礼，天下归仁焉"；"非礼勿视，非礼勿听，非礼勿言，非礼勿动"；己所不欲，勿施于人"；"死生有命，富贵在天"；"四海之内，皆兄弟也"；"君子成人之美，不成人之恶"；"君子以文会友，以友辅仁"。本篇中，孔子的几位弟子向他问怎样才是仁。孔子还谈到怎样才能算是君子等问题。

12·1 颜渊问仁。子曰："克己复礼①为仁。一日克己复礼，天下归仁焉。为仁由己，而由人乎哉？"颜渊曰："请问其目②。"子曰："非礼勿视，非礼勿听，非礼勿言，非礼勿动。"颜渊曰："回虽不敏，请事斯语矣。"

注释 Zhushi

① 克己复礼：克己，克制自己。复礼，使自己的言行符合于礼的要求。
② 目：具体的条目。目和纲相对。

译文 Yiwen

颜渊问怎样做才是仁。孔子说："克制自己，一切都照着礼的要求去做，这就是仁。一旦这样做了，天下的一切就都归于仁了。实行仁德，完全在于自己，难道还在于别人吗？"颜渊说："请问实行仁的条目。"孔子说："不合于礼的不要看，不合于礼的不要听，不合于礼的不要说，不合于礼的不要做。"颜渊说："我虽然愚笨，也要照您的这些话去做。"

12·2　仲弓问仁。子曰："出门如见大宾，使民如承大祭[①]；己所不欲，勿施于人；在邦无怨，在家无怨。"仲弓曰："雍虽不敏，请事斯语矣。"

注　释 Zhushi

① 出门如见大宾，使民如承大祭：这句话是说，出门办事和役使百姓，都要像迎接贵宾和进行大祭时那样恭敬严肃。

译　文 Yiwen

仲弓问怎样做才是仁。孔子说："出门办事如同去接待贵宾，使唤百姓如同去进行重大的祭祀，（都要认真严肃。）自己不愿意要的，不要强加于别人；做到在诸侯的朝廷上没人怨恨（自己）；在卿大夫的封地里也没人怨恨（自己）。"仲弓说："我虽然笨，也要照您的话去做。"

12·3　司马牛[①]问仁。子曰："仁者，其言也讱[②]。"曰："其言也讱，斯谓之仁已乎？"子曰："为之难，言之得无讱乎？"

注　释 Zhushi

① 司马牛：姓司马名耕，字子牛，孔子的学生。

② 讱：音rèn，话难说出口。这里引申为说话谨慎。

译　文 Yiwen

司马牛问怎样做才是仁。孔子说："仁人说话是慎重的。"司马牛说："说话慎重，这就叫做仁了吗？"孔子说："做起来很困难，说起来能不慎重吗？"

12·4　司马牛问君子。子曰："君子不忧不惧。"曰："不忧不惧，斯谓之君子已乎？"子曰："内省不疚，夫何忧何惧？"

译 文 Yiwen

司马牛问怎样做一个君子。孔子说："君子不忧愁，不恐惧。"司马牛说："不忧愁，不恐惧，这样就可以叫做君子了吗？"孔子说："自己问心无愧，那还有什么忧愁和恐惧呢？"

12·5 司马牛忧曰："人皆有兄弟，我独亡。"子夏曰："商闻之矣：死生有命，富贵在天。君子敬而无失，与人恭而有礼，四海之内，皆兄弟也。君子何患乎无兄弟也？"

译 文 Yiwen

司马牛忧愁地说："别人都有兄弟，唯独我没有。"子夏说："我听说过：'死生有命，富贵在天。'君子只要对待所做的事情严肃认真，不出差错，对人恭敬而合乎于礼的规定，那么，天下人就都是自己的兄弟了。君子何愁没有兄弟呢？"

12·6 子张问明。子曰："浸润之谮，肤受之愬，不行焉，可谓明也已矣。浸润之谮[①]，肤受之愬[②]，不行焉，可谓远[③]也已矣。"

注 释 Zhushi

① 浸润之谮：谮，音 zèn，谗言。这是说像水那样一点一滴地渗进来的谗言，不易觉察。

② 肤受之愬：愬，音 sù，诬告。这是说像皮肤感觉到疼痛那样的诬告，即直接的诽谤。

③ 远：明之至，明智的最高境界。

译 文 Yiwen

子张问怎样做才算是明智的。孔子说："像水润物那样暗中挑拨的坏话，像切肤之痛那样直接的诽谤，在你那里都行不通，那你可以算是明智的了。暗中挑拨的坏话和直接的诽谤，在你那里都行不通，那你可以算是有远见的了。”

12·7　子贡问政。子曰：“足食，足兵，民信之矣。”子贡曰：“必不得已而去，于斯三者何先？”曰：“去兵。”子贡曰：“必不得已而去，于斯二者何先？”曰：“去食。自古皆有死，民无信不立。”

译　文 Yiwen

子贡问怎样治理国家。孔子说，“粮食充足，军备充足，老百姓信任统治者。”子贡说：“如果不得不去掉一项，那么在三项中先去掉哪一项呢？”孔子说：“去掉军备。”子贡说：“如果不得不再去掉一项，那么这两项中去掉哪一项呢？”孔子说：“去掉粮食。自古以来人总是要死的，如果老百姓对统治者不信任，那么国家就不能存在了。”

12·8　棘子成[①]曰：“君子质而已矣，何以文为？”子贡曰：“惜乎夫子之说君子也！驷不及舌[②]。文犹质也，质犹文也，虎豹之鞟[③]犹犬羊之鞟。”

注　释 Zhushi

① 棘子成：卫国大夫。古代大夫都可以被尊称为夫子，所以子贡这样称呼他。
② 驷不及舌：指话一说出口，就收不回来了。驷，拉一辆车的四匹马。
③ 鞟：音 kuò，去掉毛的皮，即革。

译　文 Yiwen

棘子成说：“君子只要具有好的品质就行了，要那些表面的仪式干什么呢？”子贡说：“真遗憾，夫子您这样谈论君子。一言既出，驷马难追。本质就像文采，文采就像本质，都是同等重要的。去掉了毛的虎、豹皮，就如同去掉了毛的犬、羊皮一样。”

12·9　哀公问于有若曰："年饥，用不足，如之何？"有若对曰："盍彻乎[①]？"曰："二[②]，吾犹不足，如之何其彻也？"对曰："百姓足，君孰与不足？百姓不足，君孰与足？"

注　释 *Zhushi*

①盍彻乎：盍，何不。彻，西周奴隶主国家的一种田税制度。旧注曰："什一而税谓之彻。"

②二：抽取十分之二的税。

译　文 *Yiwen*

鲁哀公问有若说："遭了饥荒，国家用度困难，怎么办？"有若回答说："为什么不实行彻法，只抽十分之一的田税呢？"哀公说："现在抽十分之二，我还不够，怎么能实行彻法呢？"有若说："如果百姓的用度够，您怎么会不够呢？如果百姓的用度不够，您怎么又会够呢？"

12·10　子张问崇德辨惑。子曰："主忠信，徙义，崇德也。爱之欲其生，恶之欲其死，既欲其生，又欲其死，是惑也。'诚不以富，亦祗以异[①]。'"

注　释 *Zhushi*

①诚不以富，亦祗以异：这是《诗经·小雅·我行其野》篇的最后两句。此诗表现了一个被遗弃的女子对其丈夫喜新厌旧的愤怒情绪。孔子在这里引此句，令人费解。

译　文 *Yiwen*

子张问怎样提高道德修养水平和辨别是非迷惑的能力。孔子说："以忠信为主，使自己的思想合于义，这就是提高道德修养水平了。爱一个人，就希望他活下去，厌恶起来就恨不得他立刻死去，既要他活，又要他死，这就是迷惑。（正如《诗》所说的）‘即使不是嫌贫爱富，也是喜新厌旧。’”

12·11　齐景公[1]问政于孔子。孔子对曰：“君君、臣臣、父父、子子。”公曰：“善哉！信如君不君，臣不臣，父不父，子不子，虽有粟，吾得而食诸？”

注释 *Zhushi*

① 齐景公：名杵臼，音 chǔ jiù，齐国国君，公元前 547 年—前 490 年在位。

译文 *Yiwen*

齐景公问孔子如何治理国家。孔子说：“做君主的要像君的样子，做臣子的要像臣的样子，做父亲的要像父亲的样子，做儿子的要像儿子的样子。”齐景公说：“讲得好呀！如果君不像君，臣不像臣，父不像父，子不像子，虽然有粮食，我能吃得上吗？”

12·12　子曰：“片言[1]可以折狱[2]者，其由也与？”子路无宿诺。

注释 *Zhushi*

① 片言：诉讼双方中一方的言辞，即片面之词，也叫“单辞”。
② 折狱：狱，案件。即断案。

译文 *Yiwen*

孔子说：“只听了单方面的供词就可以判决案件的，大概只有仲由吧。”子路说话没有不算数的时候。

12·13　子曰：“听讼，吾犹人也。必也使无讼乎！”

译　文 Yiwen

孔子说："审理诉讼案件，我同别人也是一样的。重要的是必须使诉讼的案件根本不发生！"

12·14　子张问政。子曰："居之无倦，行之以忠。"

译　文 Yiwen

子张问如何治理政事。孔子说："居于官位不懈怠，执行君令要忠实。"

12·15　子曰："博学于文，约之以礼，亦可以弗畔矣夫！"①

注　释 Zhushi

① 本章重出，见《雍也》篇第六之第二十七章。

12·16　子曰："君子成人之美，不成人之恶。小人反是。"

译　文 Yiwen

孔子说："君子成全别人的好事，而不助长别人的恶处。小人则与此相反。"

12·17　季康子问政于孔子。孔子对曰："政者正也。子帅以正，孰敢不正？"

译　文 Yiwen

季康子问孔子如何治理国家。孔子回答说："政就是正的意思。您本人带头走正路，那么还有谁敢不走正道呢？"

12·18　季康子患盗，问于孔子。孔子对曰："苟子之不欲，虽赏之不窃。"

译 文 *Yiwen*

季康子担忧盗窃，问孔子怎么办。孔子回答说：“假如你自己不贪图财利，即使奖励偷窃，也没有人偷盗。”

12·19 **季康子问政于孔子曰：“如杀无道，以就有道，何如？”孔子对曰：“子为政，焉用杀？子欲善而民善矣。君子之德风，人小之德草，草上之风，必偃。”**

译 文 *Yiwen*

季康子问孔子如何治理政事，说：“如果杀掉无道的人来成全有道的人，怎么样？”孔子说：“您治理政事，哪里用得着杀戮的手段呢？您只要想行善，老百姓也会跟着行善。在位者的品德好比风，在下的人的品德好比草，风吹到草上，草就必定跟着倒。”

12·20 **子张问：“士何如斯可谓之达矣？”子曰：“何哉，尔所谓达者？”子张对曰：“在邦必闻，在家必闻。”子曰：“是闻也，非达也。夫达也者，质直而好义，察言而观色，虑以下人。在邦必达，在家必达。夫闻也者，色取仁而行违，居之不疑。在邦必闻，在家必闻。”**

译 文 *Yiwen*

子张问：“士怎样才可以叫作通达？”孔子说：“你说的通达是什么意思？”子张答道：“在国君的朝廷里必定有名望，在大夫的封地里也必定有名声。”孔子说：“这只是虚假的名声，不是通达。所谓达，那是要品质正直，遵从礼义，善于揣摩别人的话语，对察别人的脸色，经常想着谦恭待人。这样的人，就可以在国君的朝廷和大夫的封地里通达。至于有虚假名声的人，只是外表上装出的仁的样子，而行动上却正是违背了仁，自己还以仁人自居不惭愧。但他无论在国君的朝廷里和大夫的封地里都必定会有名声。”

12·21　樊迟从游于舞雩之下，曰：“敢问崇德、修慝[1]、辨惑。”子曰：“善哉问！先事后得[2]，非崇德与？攻其恶，无攻人之恶，非修慝与？一朝之忿，忘其身，以及其亲，非惑与？”

注　释 *Zhushi*

① 修慝：慝，音tè，邪恶的念头。修，改正。这里是指改正邪恶的念头。

② 先事后得：先致力于事，把利禄放在后面。

译　文 *Yiwen*

樊迟陪着孔子在舞雩台下散步，说：“请问怎样提高品德修养？怎样改正自己的邪念？怎样辨别迷惑？”孔子说：“问得好！先努力致力于事，然后才有所收获，不就是提高品德了吗？检讨自己的邪念了吗？由于一时的气愤，就忘记了自身的安危，以至于牵连自己的亲人，这不就是迷惑吗？”

12·22　樊迟问仁。子曰：“爱人。”问知。子曰：“知人。”樊迟未达。子曰：“举直错诸枉，能使枉者直。”樊迟退，见子夏曰：“乡[1]也吾见于夫子而问知，子曰‘举直错诸枉，能使枉者直’，何谓也？”子夏曰：“富哉言乎！舜有天下，选于众，举皋陶[2]，不仁者远矣。汤[3]有天下，选于众，举伊尹[4]，不仁者远矣。”

注　释 *Zhushi*

① 乡：音xiàng，同“向”，过去。

② 皋陶：音gāo yáo，传说中舜时掌握刑法的大臣。

③ 汤：商朝的第一个君主，子姓，名履。

④ 伊尹：汤的宰相，曾辅助汤灭夏兴商。

译 文 *Yiwen*

樊迟问什么是仁。孔子说："爱人。"樊迟问什么是智，孔子说："了解人。"樊迟还不明白。孔子说："选拔正直的人，罢黜邪恶的人，这样就能使邪者归正。"樊迟退出来，见到子夏说："刚才我见到老师，问他什么是智，他说'选拔正直的人，罢黜邪恶的人，这样就能使邪者归正。这是什么意思？"子夏说："这话说得多么深刻呀！舜有天下，在众人中挑选人才，把皋陶选拔出来，不仁的人就被疏远了。汤有了天下，在众人中挑选人才，把伊尹选拔出来，不仁的人就被疏远了。"

12·23　子贡问友。子曰："忠告而善道之，不可则止，毋自辱也。"

译 文 *Yiwen*

子贡问怎样对待朋友。孔子说："忠诚地劝告他，恰当地引导他，如果不听也就罢了，不要自取其辱。"

12·24　曾子曰："君子以文会友，以友辅仁。"

译 文 *Yiwen*

曾子说："君子以文章学问来结交朋友，依靠朋友帮助自己培养仁德。"

子路篇　第十三

本篇共有三十章，其中著名的文句有："名不正则言不顺，言不顺则事不成"；"欲速则不达"；"父为子隐，子为父隐"；"居处恭、执事敬、与人忠"；"言必信，行必果"；"君子和而不同，小人同而不和"；"君子泰而不骄，小人骄而不泰"。本篇包含的内容比较广泛，其中有关于如何治理国家的政治主张，孔子的教育思想，个人的道德修养与品格完善，以及"和而不同"的思想。

13·1　子路问政。子曰："先之劳之[①]。"请益。曰："无倦。"

注　释 *Zhushi*

① 先之劳之：先，引导，先导，即教化。之，指老百姓。做在老百姓之前，使老百姓勤劳。

译　文 *Yiwen*

子路问怎样管理政事。孔子说："做在老百姓之前，使老百姓勤劳。"子路请求多讲一点。孔子说："不要懈怠。"

13·2　仲弓为季氏宰，问政。子曰："先有司，赦小过，举贤才。"曰："焉知贤才而举之？"曰："举尔所知。尔所不知，人其舍诸？"

译　文 *Yiwen*

仲弓做了季氏的家臣，问怎样管理政事。孔子说："先责成手下负责具体事务的官吏，让他们各负其责，赦免他们的小过错，选拔贤才来任职。"仲弓又问："怎样知道是贤才而把他们选拔出来呢？"孔子说："选拔你所知道的，至于你不知道的贤才，别人难道还会埋没他们吗？"

13·3　子路曰："卫君[①]待子为政，子将奚先？"子曰："必也正名乎！"子路曰："有是哉，子之迂也！奚其正？"子曰："野哉，由也！君子于其所不知，盖阙如也。名不正则言不顺，言不顺则事不成，事不成则礼乐不兴，礼乐不兴则刑罚不中，刑罚不中，则民无所措手足。故君子名之必可言也，言之必可行也。君子于其言，无所苟而已矣。"

注释 Zhushi

① 卫君：卫出公，名辄，卫灵公之孙。其父蒯聩被卫灵公驱逐出国，卫灵公死后，蒯辄继位。蒯聩要回国争夺君位，遭到蒯辄拒绝。这里，孔子对此事提出了自己的看法。

译文 Yiwen

子路（对孔子）说："卫国国君要您去治理国家，您打算先从哪些事情做起呢？"孔子说："首先必须正名分。"子路说："有这样做的吗？您想得太不合时宜了。这名怎么正呢？"孔子说："仲由，真粗野啊。君子对于他所不知道的事情，总是采取存疑的态度。名分不正，说起话来就不顺当合理，说话不顺当合理，事情就办不成。事情办不成，礼乐也就不能兴盛。礼乐不能兴盛，刑罚的执行就不会得当。刑罚不得当，百姓就不知怎么办好。所以，君子一定要定下一个名分，必须能够说得明白，说出来一定能够行得通。君子对于自己的言行，是从不马马虎虎对待的。"

13·4　樊迟请学稼。子曰："吾不如老农。"请学为圃。曰："吾不如老圃。"樊迟出。子曰："小人哉，樊须也！上好礼，则民莫敢不敬，

上好义，则民莫敢不服；上好信，则民莫敢不用情[①]。夫如是，则四方之民襁[②]负其子而至矣，焉用稼？”

注 释 *Zhushi*

① 用情：情，情实。以真心实情来对待。
② 襁：音 qiǎng，背婴孩的背篓。

译 文 *Yiwen*

樊迟向孔子请教如何种庄稼。孔子说：“我不如老农。”樊迟又请教如何种菜。孔子说：“我不如老菜农。”樊迟退出以后，孔子说：“樊迟真是小人。在上位者只要重视礼，老百姓就不敢不敬畏；在上位者只要重视义，老百姓就不敢不服从；在上位的人只要重视信，老百姓就不敢不用真心实情来对待你。要是做到这样，四面八方的老百姓就会背着自己的小孩来投奔，哪里用得着自己去种庄稼呢？”

13·5 子曰：“诵《诗》三百，授之以政，不达；使于四方，不能专对。虽多，亦奚以为？”

译 文 *Yiwen*

孔子说：“把《诗》三百篇背得很熟，让他处理政务，却不会办事；让他当外交使节，不能独立地办交涉；背得很多，又有什么用呢？”

13·6 子曰：“其身正，不令而行；其身不正，虽令不从。”

译 文 *Yiwen*

孔子说：“自身正了，即使不发布命令，老百姓也会去干，自身不正，即使发布命令，老百姓也不会服从。”

13·7　子曰："鲁卫之政，兄弟也。"

译　文 *Yiwen*

孔子说："鲁和卫两国的政事，就像兄弟（的政事）一样。"

13·8　子谓卫公子荆[1]："善居室。始有，曰：'苟合矣。'少有，曰：'苟完矣。'富有，曰：'苟美矣。'"

注　释 *Zhushi*

① 卫公子荆：卫国大夫，字南楚，卫献公的儿子。

译　文 *Yiwen*

孔子谈到卫国的公子荆时说："他善于管理经济，居家理财。刚开始有一点，他说：'差不多也就够了。'稍为多一点时，他说：'差不多就算完备了。'更多一点时，他说：'差不多算是完美了。'"

13·9　子适卫，冉有仆。子曰："庶矣哉！"冉有曰："既庶矣，又何加焉？"曰："富之。"曰："既富矣，又何加焉？"曰："教之。"

译　文 *Yiwen*

孔子到卫国去，冉有为他驾车。孔子说："人口真多呀！"冉有说："人口已经够多了，还要再做什么呢？"孔子说："使他们富起来。"冉有说："富了以后又还要做些什么？"孔子说："对他们进行教化。"

13·10　子曰："苟有用我者，期月而已可也，三年有成。"

译　文 *Yiwen*

孔子说："如果有人用我治理国家，一年便可以搞出个样子，三年就一定会有成效。”

13·11　子曰：“善人为邦百年，亦可以胜残去杀矣。诚哉是言也！”

译　文 *Yiwen*

孔子说：“善人治理国家，经过一百年，也就可以消除残暴，废除刑罚杀戮了。这话真对呀！”

13·12　子曰：“如有王者，必世①而后仁。”

注　释 *Zhushi*

① 世：二十年为一世。

译　文 *Yiwen*

孔子说：“如果有王者兴起，也一定要三十年才能实现仁政。”

13·13　子曰：“苟正其身矣，于从政乎何有？不能正其身，如正人何？”

译　文 *Yiwen*

孔子说：“如果端正了自身的行为，管理政事还有什么困难呢？如果不能端正自身的行为，怎能使别人端正呢？”

13·14　冉子退朝。子曰：“何晏也？”对曰：“有政。”子曰：“其事也？如有政，虽不吾以，吾其与闻之。”

译　文 *Yiwen*

冉求退朝回来，孔子说：“为什么回来得这么晚呀？”冉求说：“有政事。”

孔子说："只是一般的事务吧？如果有政事，虽然国君不用我了，我也会知道的。"

13·15　定公问："一言而可以兴邦，有诸？"孔子对曰："言不可以若是其几也。人之言曰：'为君难，为臣不易。'如知为君之难也，不几乎一言而兴邦乎？"曰："一言而丧邦，有诸？"孔子对曰："言不可以若是其几也。人之言曰：'予无乐乎为君，唯其言而莫予违也。'如其善而莫之违也，不亦善乎？如不善而莫之违也，不几乎一言而丧邦乎？"

译　文 *Yiwen*

鲁定公问："一句话就可以使国家兴盛，有这样的话吗？"孔子答道："不可能有这样的话，但有近乎这样的话。有人说：'做君难，做臣不易。'如果知道了做君的难，这不近乎一句话可以使国家兴盛吗？"鲁定公又问："一句话可以亡国，有这样的话吗？"孔子回答说："不可能有这样的话，但有近乎这样的话。有人说过：'我做君主并没有什么可高兴的，我所高兴的只在于我所说的话没有人敢于违抗。'如果说得对而没有人违抗，不也好吗？如果说得不对而没有人违抗，那不就近乎一句话可以亡国吗？"

13·16　叶公问政。子曰："近者悦，远者来。"

译　文 *Yiwen*

叶公问孔子怎样管理政事。孔子说："使近处的人高兴，使远处的人来归附。"

13·17　子夏为莒父[⑦]宰，问政。子曰："无欲速，无见小利。欲速则不达，见小利则大事不成。"

注 释 Zhushi

①莒父：莒，音 jǔ。鲁国的一个城邑，在今山东省莒县境内。

译 文 Yiwen

子夏做莒父的总管，问孔子怎样办理政事。孔子说："不要求快，不要贪求小利。求快反而达不到目的，贪求小利就做不成大事。"

13·18 叶公语孔子曰："吾党①有直躬者②，其父攘羊，而子证之。"孔子曰："吾党之直者异于是：父为子隐，子为父隐，直在其中矣。"

注 释 Zhushi

①党：乡党，古代以五百户为一党。
②直躬者：正直的人。

译 文 Yiwen

叶公告诉孔子说："我的家乡有个正直的人，他的父亲偷了人家的羊，他告发了父亲。"孔子说："我家乡的正直的人和你讲的正直人不一样：父亲为儿子隐瞒，儿子为父亲隐瞒。正直就在其中了。"

13·19 樊迟问仁。子曰："居处恭，执事敬，与人忠。虽之夷狄，不可弃也。"

译 文 Yiwen

樊迟问怎样才是仁。孔子说："平常在家规规矩矩，办事严肃认真，待人忠心诚意。即使到了夷狄之地，也不可背弃。"

13·20 子贡问曰："何如斯可谓之士矣？"子曰："行己有耻，

使于四方，不辱君命，可谓士矣。”曰：“敢问其次。”曰：“宗族称孝焉，乡党称弟焉。”曰：“敢问其次。”曰：“言必信，行必果，硁硁然小人哉！抑亦可以为次矣。”曰：“今之从政者何如？”子曰：“噫！斗筲之人[①]，何足算也？”

注 释 *Zhushi*

① 斗筲之人：筲，音 shāo，竹器，容一斗二升。比喻器量狭小的人。

译 文 *Yiwen*

子贡问道：“怎样才可以叫作士？”孔子说：“自己在做事时有知耻之心，出使外国各方，能够完成君主交付的使命，可以叫作士。”子贡说：“请问次一等的呢？”孔子说：“宗族中的人称赞他孝顺父母，乡党们称他尊敬兄长。”子贡又问：“请问再次一等的呢？”孔子说：“说到一定做到，做事一定坚持到底，不问是非地固执己见，那是小人啊。但也可以说是再次一等的士了。”子贡说：“现在的执政者，您看怎么样？”孔子说：“唉！这些器量狭小的人，哪里能数得上呢？”

13 · 21 子曰：“不得中行[①]而与之，必也狂狷乎！狂者进取，狷[②]者有所不为也。”

注 释 *Zhushi*

① 中行：行为合乎中庸。

② 狷：音 juàn，拘谨，有所不为。

译 文 *Yiwen*

孔子说：“我找不到奉行中庸之道的人和他交往，只能与狂者、狷者相交往了。狂者敢作敢为，狷者对有些事是不肯干的。”

13·22 子曰：“南人有言曰：‘人而无恒，不可以作巫医[①]。’善夫！”“不恒其德，或承之羞[②]。”子曰：“不占[③]而已矣。”

注释 Zhushi

① 巫医：用卜筮为人治病的人。
② 不恒其德，或承之羞：此二句引自《易经·恒卦·爻辞》。
③ 占：占卜。

译文 Yiwen

孔子说：“南方人有句话说：‘人如果做事没有恒心，就不能当巫医。’这句话说得真好啊！”“人不能长久地保存自己的德行，免不了要遭受耻辱。”孔子说：“（这句话是说，没有恒心的人）用不着去占卦了。”

13·23 子曰：“君子和[①]而不同[②]，小人同而不和。”

注释 Zhushi

① 和：不同的东西和谐地配合叫作和，各方面之间彼此不同。
② 同：相同的东西相加或与人相混同，叫作同。各方面之间完全相同。

译文 Yiwen

孔子说：“君子讲求和谐而不同流合污，小人只求完全一致，而不讲求协调。”

13·24 子贡问曰：“乡人皆好之，何如？”子曰：“未可也。”“乡人皆恶之，何如？”子曰：“未可也。不如乡人之善者好之，其不善者恶之。”

译 文 Yiwen

子贡问孔子说："全乡人都喜欢、赞扬他，这个人怎么样？"孔子说："这还不能肯定。"子贡又问孔子说："全乡人都厌恶、憎恨他，这个人怎么样？"孔子说："这也是不能肯定的。最好的人是全乡的好人都喜欢他，全乡的坏人都厌恶他。"

13·25 子曰："君子易事而难说也。说之不以道，不说也；及其使人也，器之。小人难事而易说也。说之虽不以道，说也；及其使人也，求备焉。"

译 文 *Yiwen*

孔子说：“为君子办事很容易，但很难取得他的欢喜。不按正道去讨他的喜欢，他是不会喜欢的。但是，当他使用人的时候，总是量才而用人；为小人办事很难，但要取得他的欢喜则是很容易的。不按正道去讨他的喜欢，也会得到他的喜欢。但等到他使用人的时候，却是求全责备。”

13·26　子曰：“君子泰而不骄，小人骄而不泰。”

译 文 *Yiwen*

孔子说：“君子安静坦然而不傲慢无礼，小人傲慢无礼而不安静坦然。”

13·27　子曰：“刚、毅、木、讷，近仁。”

译 文 *Yiwen*

孔子说：“刚强、果敢、朴实、谨慎，这四种品德接近于仁。”

13·28　子路问曰：“何如斯可谓之士矣？”子曰：“切切偲偲[1]，怡怡[2]如也，可谓士矣。朋友切切偲偲，兄弟怡怡。”

注 释 *Zhushi*

① 偲偲：偲，音 sī，勉励、督促、诚恳的样子。
② 怡怡：和气、亲切、顺从的样子。

译 文 *Yiwen*

子路问孔子道：“怎样才可以称为士呢？”孔子说：“互助督促勉励，相处和和气气，可以算是士了。朋友之间互相督促勉励，兄弟之间相处和和气气。”

13·29　子曰："善人教民七年，亦可以即戎矣。"

译　文 *Yiwen*

孔子说："善人教育百姓到了七年时间，就可以叫他们去当兵打仗了。"

13·30　子曰："以不教民战，是谓弃之。"

译　文 *Yiwen*

孔子说："如果不先对老百姓进行作战训练，这就叫抛弃他们。"

宪问篇　第十四

本篇共计四十四篇。其中著名文句有:“见危授命,见利思义”;“君子上达,小人下达”;“古之学者为己,今之学者为人”;“不在其位,不谋其政”;“君子思不出其位”;“君子耻其言而过其行”;“修己以安百姓”;“仁者不忧,智者不惑,勇者不惧”。这一篇中所包括的主要内容有:作为君子必须具备的某些品德;孔子对当时社会上的各种现象所发表的评论;孔子提出“见利思义”的义利观等。

14 · 1　宪[①]问耻。子曰:“邦有道,谷[②];邦无道,谷,耻也。”“克、伐[③]、怨、欲,不行焉,可以为仁矣?”子曰:“可以为难矣,仁则吾不知也。”

注　释 *Zhushi*

① 宪:姓原名宪,孔子的学生。

② 谷:这里指做官者的俸禄。

③ 伐:自夸。

译　文 *Yiwen*

原宪问孔子什么是可耻。孔子说:“国家有道,做官拿俸禄;国家无道,还做官拿俸禄,这就是可耻。”原宪又问:“好胜、自夸、怨恨、贪欲都没有的人,可以算做到仁了吧?”孔子说:“这可以说是很难得的,但至于是不是做到了仁,那我就不知道了。”

14 · 2　子曰:“士而怀居,不足以为士矣。”

译　文 *Yiwen*

孔子说："士如果留恋家庭的安逸生活，就不配做士了。"

14·3　子曰："邦有道，危言危行；邦无道，危行言孙。"

译　文 *Yiwen*

孔子说："国家有道，要正言正行；国家无道，还要正直，但说话要随和谨慎。"

14·4　子曰："有德者必有言，有言者不必有德。仁者必有勇，勇者不必有仁。"

译　文 *Yiwen*

孔子说："有道德的人，一定有言论，有言论的人不一定有道德。仁人一定勇敢，勇敢的人都不一定有仁德。"

14·5　南宫适①问于孔子曰："羿②善射，奡③荡舟④，俱不得其死然。禹稷⑤躬稼而有天下。"夫子不答。南宫适出。子曰："君子哉若人！尚德哉若人！"

注　释 *Zhushi*

① 南宫适：适，同"括"，即南容。

② 羿：音 yì，传说中夏代有穷国的国君，善于射箭，曾夺夏太康的王位，后被其臣寒浞所杀。

③ 奡：音 ào，传说中寒浞的儿子，后来为夏少康所杀。

④ 荡舟：用手推船。传说中奡力大，善于水战。

⑤ 禹稷：禹，夏朝的开国之君，善于治水，注重发展农业。稷，传说是周朝的祖先，又为谷神，教民种植庄稼。

译 文 Yiwen

南宫适问孔子："羿善于射箭，奡善于水战，最后都不得好死。禹和稷都亲自种植庄稼，却得到了天下。"孔子没有回答，南宫适出去后，孔子说："这个人真是个君子呀！这个人真尊重道德。"

14·6　子曰："君子而不仁者有矣夫，未有小人而仁者也。"

译 文 Yiwen

孔子说："君子中没有仁德的人是有的，而小人中有仁德的人是没有的。"

14·7　子曰："爱之，能勿劳乎？忠焉，能勿诲乎？"

译 文 Yiwen

孔子说："爱他，能不为他操劳吗？忠于他，能不对他劝告吗？"

14·8　子曰："为命[①]，裨谌[②]草创之，世叔[③]讨论之，行人[④]子羽[⑤]修饰之，东里[⑥]子产润色之。"

注 释 Zhushi

① 命：指国家的政令。
② 裨谌：音 bì chén，人名，郑国的大夫。
③ 世叔：即子太叔，名游吉，郑国的大夫。子产死后，继子产为郑国宰相。
④ 行人：官名，掌管朝觐聘问，即外交事务。
⑤ 子羽：郑国大夫公孙挥的字。
⑥ 东里：地名，郑国大夫子产居住的地方。

译 文 Yiwen

孔子说："郑国发表的公文，都是由裨谌起草的，世叔提出意见，外交官子羽加以修饰，由子产作最后修改润色。"

14·9 或问子产。子曰："惠人也。"问子西[①]。曰："彼哉！彼哉！"问管仲。曰："人也。夺伯氏[②]骈邑[③]三百，饭疏食，没齿[④]无怨言。"

注 释 Zhushi

① 子西：这里的子西指楚国的令尹，名申。
② 伯氏：齐国的大夫。
③ 骈邑：地名，伯氏的采邑。
④ 没齿：死。

译 文 Yiwen

有人问子产是个怎样的人。孔子说："是个有恩惠于人的人。"又问子西。孔子说："他呀！他呀！"又问管仲。孔子说："他是个有才干的人，他把伯氏骈邑的三百家夺走，使伯氏终生吃粗茶淡饭，直到老死也没有怨言。"

14·10 子曰："贫而无怨难，富而无骄易。"

译 文 Yiwen

孔子说："贫穷而能够没有怨恨是很难做到的，富裕而不骄傲是容易做到的。"

14·11 子曰："孟公绰[①]为赵魏老[②]则优，不可以为滕、薛[③]大夫。"

注　释 Zhushi

① 孟公绰：鲁国大夫，属于孟孙氏家族。

② 老：这里指古代大夫的家臣。

③ 滕、薛：滕，诸侯国家，在今山东滕县。薛，诸侯国家，在今山东滕县东南一带。

译　文 Yiwen

孔子说："孟公绰做晋国赵氏、魏氏的家臣，是才力有余的，但不能做滕、薛这样小国的大夫。"

14·12　子路问成人。子曰："若臧武仲①之知，公绰之不欲，卞庄子②之勇，冉求之艺，文之以礼乐，亦可以为成人矣。"曰："今之成人者何必然？见利思义，见危授命，久要③不忘平生之言，亦可以为成人矣。"

注　释 Zhushi

① 臧武仲：鲁国大夫臧孙纥。

② 卞庄子：鲁国卞邑大夫。

③ 久要：长久处于穷困中。

译　文 Yiwen

子路问怎样做才是一个完美的人。孔子说："如果具有臧武仲的智慧，孟公绰的克制，卞庄子的勇敢，冉求那样多才多艺，再用礼乐加以修饰，也就可以算是一个完人了。"孔子又说："现在的完人何必一定要这样呢？见到财利想到义的要求，遇到危险能献出生命，长久处于穷困还不忘平日的诺言，这样也可以成为一位完美的人。"

14·13　子问公叔文子[1]于公明贾[2]曰："信乎，夫子不言，不笑，不取乎？"公明贾对曰："以告者过也。夫子时然后言，人不厌其言；乐然后笑，人不厌其笑；义然后取，人不厌其取。"子曰："其然？岂其然乎？"

注 释 Zhushi

① 公叔之子：卫国大夫公孙拔，卫献公之子。谥号"文"。

② 公明贾：姓公明字贾。卫国人。

译 文 Yiwen

孔子向公明贾问到公叔文子，说："先生他不说、不笑、不取钱财，是真的吗？"公明贾回答道："这是告诉你话的那个人的过错。先生他到该说时才说，因此别人不厌恶他说话；快乐时才笑，因此别人不厌恶他笑；合于礼要求的财利他才取，因此别人不厌恶他取。"孔子说："原来这样，难道真是这样吗？"

14·14　子曰："臧武仲以防求为后于鲁，虽曰不要君，吾不信也。"

译 文 Yiwen

孔子说："臧武仲凭借防邑请求鲁君在鲁国替臧氏立后代，虽然有人说他不是要挟君主，我不相信。"

14·15　子曰："晋文公[1]谲而不正，齐桓公[2]正而不谲。"

注 释 Zhushi

① 晋文公：姓姬名重耳，春秋时期有作为的政治家，著名的霸主之一。公元前636—前628年在位。

② 齐桓公：姓姜名小白，春秋时期有作为的政治家，著名的霸主之一。公元前

685—前643年在位。

译 文 *Yiwen*

孔子说："晋文公诡诈而不正派，齐桓公正派而不诡诈。"

14·16 子路曰："桓公杀公子纠[1]，召忽[2]死之，管仲不死。"曰："未仁乎？"子曰："桓公九合诸侯[3]，不以兵车，管仲之力也。如其仁，如其仁。"

注 释 *Zhushi*

① 公子纠：齐桓公的哥哥。齐桓公与他争位，杀掉了他。

② 召忽：管仲和召忽都是公子纠的家臣。公子纠被杀后，召忽自杀，管仲归服于齐桓公，并当上了齐国的宰相。

③ 九合诸侯：指齐桓公多次召集诸侯盟会。

译 文 *Yiwen*

子路说："齐桓公杀了公子纠，召忽自杀以殉，但管仲却没有自杀。管仲不能算是仁人吧？"孔子说："桓公多次召集各诸侯国的盟会，不用武力，都是管仲的力量啊。这就是他的仁德，这就是他的仁德。"

14·17 子贡曰："管仲非仁者与？桓公杀公子纠，不能死，又相之。"子曰："管仲相桓公，霸诸侯，一匡天下，民到于今受其赐。微[1]管仲，吾其被发左衽[2]矣。岂若匹夫匹妇之为谅[3]也，自经于沟渎而莫之知也。"

注 释 *Zhushi*

① 微：无，没有。

② 被发左衽：被，同"披"。衽，衣襟。"被发左衽"是当时的夷狄之俗。

③ 谅：遵守信用。这里指小节小信。

译 文 *Yiwen*

子贡问："管仲不能算是仁人了吧？桓公杀了公子纠，他不能为公子纠殉死，反而做了齐桓公的宰相。"孔子说："管仲辅佐桓公，称霸诸侯，匡正了天下，老百姓到了今天还享受到他的好处。如果没有管仲，恐怕我们也要披散着头发，衣襟向左开了。哪能像普通百姓那样恪守小节，自杀在小山沟里，而谁也不知道呀。"

14·18　公叔文子之臣大夫僎①与文子同升诸公②。子闻之，曰："可以为文矣。"

注 释 *Zhushi*

① 僎：音 xún，人名。公叔文子的家臣。
② 升诸公：公，公室。这是说僎由家臣升为大夫，与公叔文子同位。

译 文 *Yiwen*

公叔文子的家臣僎和文子一同做了卫国的大夫。孔子知道了这件事以后说："（他死后）可以给他'文'的谥号了。"

14·19　子言卫灵公之无道也，康子曰："夫如是，奚而不丧？"孔子曰："仲叔圉①治宾客，祝鮀治宗庙，王孙贾治军旅，夫如是，奚其丧？"

注 释 *Zhushi*

① 仲叔圉：圉，音 yǔ，即孔文子。他与后面提到的祝鮀、王孙贾都是卫国的大夫。

译 文 *Yiwen*

孔子讲到卫灵公的无道，季康子说："既然如此，为什么他没有败亡呢？"

孔子说："因为他有仲叔圉接待宾客，祝鮀管理宗庙祭祀，王孙贾统率军队，像这样，怎么会败亡呢？"

14·20　子曰："其言之不怍，则为之也难。"

译　文 *Yiwen*

孔子说："说话如果大言不惭，那么实现这些话就是很困难的了。"

14·21　陈成子[①]弑简公[②]。孔子沐浴而朝，告于哀公曰："陈恒弑其君，请讨之。"公曰："告夫三子[③]。"孔子曰："以吾从大夫之后[④]，不敢不告也。君曰'告夫三子'者。"之三子告，不可。孔子曰："以吾从大夫之后，不敢不告也。"

注　释 *Zhushi*

① 陈成子：即陈恒，齐国大夫，又叫田成子。他以大斗借出，小斗收进的方法受到百姓拥护。公元前 481 年，他杀死齐简公，夺取了政权。
② 简公：齐简公，姓姜名壬。公元前 484—前 481 年在位。
③ 三子：指季孙、孟孙、叔孙三家。
④ 从大夫之后：孔子曾任过大夫职，但此时已经去官家居，所以说从大夫之后。

译　文 *Yiwen*

陈成子杀了齐简公。孔子斋戒沐浴以后，随即上朝去见鲁哀公，报告说："陈恒把他的君主杀了，请你出兵讨伐他。"哀公说："你去报告那三位大夫吧。"孔子退朝后说："因为我曾经做过大夫，所以不敢不来报告，君主却说'你去告诉那三位大夫吧！'"孔子去向那三位大夫报告，但三位大夫不愿派兵讨伐，孔子又说："因为我曾经做过大夫，所以不敢不来报告呀！"

14·22　子路问事君。子曰："勿欺也，而犯之。"

译　文 *Yiwen*

子路问怎样事奉君主。孔子说："不能欺骗他，但可以犯颜直谏。"

14·23　子曰："君子上达，小人下达。"

译　文 *Yiwen*

孔子说："君子向上通达仁义，小人向下通达财利。"

14·24　子曰："古之学者为己，今之学者为人。"

译　文 *Yiwen*

孔子说："古代的人学习是为了提高自己，而现在的人学习是为了给别人看。"

14·25　蘧伯玉①使人于孔子，孔子与之坐而问焉。曰："夫子何为？"对曰："夫子欲寡其过而未能也。"使者出，子曰："使乎！使乎！"

注　释 *Zhushi*

① 蘧伯玉：蘧，音 qú。人名，卫国的大夫，名瑗，孔子到卫国时曾住在他的家里。

译　文 *Yiwen*

蘧伯玉派使者去拜访孔子。孔子让使者坐下，然后问道："先生最近在做什么？"使者回答说："先生想要减少自己的错误，但未能做到。"使者走了以后，孔子说："好一位使者啊，好一位使者啊！"

14·26　子曰："不在其位，不谋其政。"曾子曰："君子思不出其位。"

译 文 *Yiwen*

孔子说："不在那个职位，就不要考虑那个职位上的事情。"曾子说："君子考虑问题，从来不超出自己的职位范围。"

14·27　子曰："君子耻其言而过其行。"

译 文 *Yiwen*

孔子说："君子认为说得多而做得少是可耻的。"

14·28　子曰："君子道者三，我无能焉：仁者不忧，知者不惑，勇者不惧。"子贡曰："夫子自道也。"

译 文 *Yiwen*

孔子说："君子之道有三个方面，我都未能做到：仁德的人不忧愁，聪明的人不迷惑，勇敢的人不畏惧。"子贡说："这正是老师的自我表述啊！"

14·29　子贡方人①。子曰："赐也贤乎哉②？夫我则不暇。"

注 释 *Zhushi*

① 方人：评论、诽谤别人。
② 赐也贤乎哉：疑问语气，批评子贡不贤。

译 文 *Yiwen*

子贡评论别人的短处。孔子说："赐啊，你真的就那么贤良吗？我可没有闲工夫去评论别人。"

14·30　子曰："不患人之不己知，患其不能也。"

译 文 *Yiwen*

孔子说："不忧虑别人不知道自己，只担心自己没有本事。"

14 · 31　子曰："不逆诈，不亿不信，抑亦先觉者，是贤乎！"

译 文 *Yiwen*

孔子说："不预先怀疑别人欺诈，也不猜测别人不诚实，然而能事先觉察别人的欺诈和不诚实，这就是贤人了。"

14 · 32　微生亩①谓孔子曰："丘，何为是栖栖者与？无乃为佞乎？"孔子曰："非敢为佞也，疾固也。"

注 释 *Zhushi*

① 微生亩：鲁国人。

译 文 *Yiwen*

微生亩对孔子说："孔丘，你为什么这样四处奔波游说呢？你不就是要显示自己的口才和花言巧语吗？"孔子说："我不是敢于花言巧语，只是痛恨那些顽固不化的人。"

14 · 33　子曰："骥不称其力，称其德也。"

译 文 *Yiwen*

孔子说："千里马值得称赞的不是它的气力，而是称赞它的品德。"

14 · 34　或曰："以德报怨，何如？"子曰："何以报德？以直报怨，以德报德。"

译 文 *Yiwen*

有人说："用恩德来报答怨恨怎么样？"孔子说："用什么来报答恩德呢？应该是用正直来报答怨恨，用恩德来报答恩德。"

14·35 子曰："莫我知也夫！"子贡曰："何为其莫知子也？"子曰："不怨天，不尤人。下学而上达，知我者其天乎！"

译 文 *Yiwen*

孔子说："没有人了解我啊！"子贡说："怎么能说没有人了解您呢？"孔子说："我不埋怨天，也不责备人，下学礼乐而上达天命，了解我的只有天吧！"

14·36 公伯寮[①]愬子路于季孙。子服景伯[②]以告，曰："夫子固有惑志于公伯寮，吾力犹能肆诸市朝[③]。"子曰："道之将行也与，命也；道之将废也与，命也。公伯寮其如命何！"

注 释 *Zhushi*

① 公伯寮：姓公伯名寮（liáo），字子周，孔子的学生，曾任季氏的家臣。
② 子服景伯：鲁国大夫，姓子服名伯，景是他的谥号。
③ 肆诸市朝：古时处死罪人后陈尸示众。

译 文 *Yiwen*

公伯寮向季孙告发子路。子服景伯把这件事告诉给孔子，并且说："季孙氏已经被公伯寮迷惑了，我的力量能够把公伯寮杀了，把他陈尸于市。"孔子说："道能够得到推行，是天命决定的；道不能得到推行，也是天命决定的。公伯寮能把天命怎么样呢？"

14·37 子曰："贤者辟世，其次辟地，其次辟色，其次辟言。"

子曰："作者七人①矣。"

注 释 Zhushi

① 七人：即伯夷、叔齐、虞仲、夷逸、朱张、柳下惠、少连。

译 文 Yiwen

孔子说："贤人逃避动荡的社会而隐居，次一等的逃避到另外一个地方去，再次一点的逃避别人难看的脸色，再次一点的回避别人难听的话。"孔子又说："这样做的已经有七个人了。"

14 · 38 子路宿于石门①。晨门②曰："奚自？"子路曰："自孔氏。"曰："是知其不可而为之者与？"

注 释 Zhushi

① 石门：地名。鲁国都城的外门。
② 晨门：早上看守城门的人。

译 文 Yiwen

子路夜里住在石门，看门的人问："从哪里来？"子路说："从孔子那里来。"看门的人说："是那个明知做不到却还要去做的人吗？"

14 · 39 子击磬于卫，有荷蒉①而过孔氏之门者，曰："有心哉，击磬乎！"既而曰："鄙哉！硁硁乎！莫己知也，斯已而已矣。深则厉，浅则揭②。"子曰："果哉！末之难矣。"

注 释 Zhushi

① 荷蒉：荷，肩扛。蒉，音 kuì，草筐。肩背着草筐。

② 深则厉，浅则揭：穿着衣服，提起衣襟涉水过河。“深则厉，浅则揭”是《诗经·卫风·匏有苦叶》的诗句。

译 文 *Yiwen*

孔子在卫国，一次正在敲击磬，有一位背扛草筐的人从门前走过说：“这个击磬的人有心思啊！”一会儿又说：“声音硁硁的，真可鄙呀，没有人了解自己，就只为自己就是了。（好像涉水一样）水深就穿着衣服趟过去，水浅就撩起衣服趟过去。”孔子说：“说得真干脆，没有什么可以责问他了。”

14·40 子张曰：“书云：‘高宗①谅阴②，三年不言。’何谓也？”子曰：“何必高宗？古之人皆然。君薨，百官总己以听于冢宰③三年。”

注 释 *Zhushi*

① 高宗：商王武宗。
② 谅阴：古时天子守丧之称。
③ 冢宰：官名，相当于后世的宰相。

译 文 *Yiwen*

子张说：“《尚书》上说，‘高宗守丧，三年不谈政事。’这是什么意思？”孔子说：“不仅是高宗，古人都是这样。国君死了，朝廷百官都各管自己的职事，听命于冢宰三年。”

14·41 子曰：“上好礼，则民易使也。”

译 文 *Yiwen*

孔子说：“在上位的人喜好礼，那么百姓就容易指使了。”

14·42　子路问君子。子曰："修己以敬。"曰："如斯而已乎？"曰："修己以安人。"曰："如斯而已乎？"曰："修己以安百姓。修己以安百姓，尧舜其犹病诸？"

译　文 *Yiwen*

子路问什么叫君子。孔子说："修养自己，保持严肃恭敬的态度。"子路说："这样就够了吗？"孔子说："修养自己，使周围的人们安乐。"子路说："这样就够了吗？"孔子说："修养自己，使所有百姓都安乐。修养自己使所有百姓都安乐，尧舜还怕难于做到呢！"

14·43　原壤[1]夷俟[2]。子曰："幼而不孙弟[3]，长而无述焉，老而不死，是为贼。"以杖叩其胫。

注　释 *Zhushi*

① 原壤：鲁国人，孔子的旧友。他母亲死了，他还大声歌唱，孔子认为这是大逆不道。
② 夷俟：夷，双腿分开而坐。俟，音 sì，等待。
③ 孙弟：同逊悌。

译　文 *Yiwen*

原壤叉开双腿坐着等待孔子。孔子骂他说："年幼的时候，你不讲孝悌，长大了又没有什么可说的成就，老而不死，真是害人虫。"说着，用手杖敲他的小腿。

14·44　阙党[1]童子将命[2]。或问之曰："益者与？"子曰："吾见其居于位[3]也，见其与先生并行也。非求益者也，欲速成者也。"

注释 Zhushi

①阙党：即阙里，孔子家住的地方。

②将命：在宾主之间传言。

③居于位：童子与长者同坐。

译文 Yiwen

阙里的一个童子，来向孔子传话。有人问孔子："这是个求上进的孩子吗？"孔子说："我看见他坐在成年人的位子上，又见他和长辈并肩而行，他不是要求上进的人，只是个急于求成的人。"

卫灵公篇　第十五

本篇包括四十二章，其中著名文句有："无为而治"；"志士仁人，无求生以害仁，有杀身以成仁"；"人无远虑，必有近忧"；"躬自厚而薄责于人"；"君子求诸己，小人求诸人"；"己所不欲，勿施于人"；"小不忍则乱大谋"；"人能弘道，非道弘人"；"当仁不让于师"；"有教无类"；"道不同，不相为谋"。本篇内容涉及到孔子的"君子小人"观的若干方面、孔子的教育思想和政治思想，以及孔子在其他方面的言行。

15·1　卫灵公问陈[1]于孔子。孔子对曰："俎豆[2]之事，则尝闻之矣；军旅之事，未之学也。"明日遂行。

注释 Zhushi

① 陈：同"阵"，军队作战时，布列的阵势。

② 俎豆：俎，音 zǔ。俎豆是古代盛食物的器皿，被用作祭祀时的礼器。

译文 Yiwen

卫灵公向孔子问军队列阵之法。孔子回答说："祭祀礼仪方面的事情，我还听说过；用兵打仗的事，从来没有学过。"第二天，孔子便离开了卫国。

15·2　在陈绝粮，从者病，莫能兴。子路愠见曰："君子亦有穷乎？"子曰："君子固穷，小人穷斯滥矣。"

译文 Yiwen

（孔子一行）在陈国断了粮食，随从的人都饿病了。子路很不高兴地来见孔子，说道："君子也有穷得毫无办法的时候吗？"孔子说："君子虽然穷困，但还是坚持着；小人一遇穷困就无所不为了。"

15 · 3　子曰："赐也！女以予为多学而识之者与？"对曰："然，非与？"曰："非也。予一以贯之。"

译　文 *Yiwen*

孔子说："赐啊！你以为我是学习得多了才一一记住的吗？"子贡答道："是啊，难道不是这样吗？"孔子说："不是的。我是用一个根本的东西把它们贯彻始终的。"

15 · 4　子曰："由！知德者鲜矣。"

译　文 *Yiwen*

孔子说："由啊！懂得德的人太少了。"

15 · 5　子曰："无为而治①者，其舜也与？夫何为哉？恭己正南面而已矣。"

注　释 *Zhushi*

① 无为而治：国家的统治者不必有所作为便可以治理国家了。

译　文 *Yiwen*

孔子说："能够无所作为而治理天下的人，大概只有舜吧？他做了些什么呢？只是庄严端正地坐在朝廷的王位上罢了。"

15 · 6　子张问行①。子曰："言忠信，行笃敬，虽蛮貊②之邦，行矣。言不忠信，行不笃敬，虽州里③，行乎哉？立则见其参于前也，在舆则见其倚于衡也，夫然后行。”子张书诸绅[4]。

注 释 *Zhushi*

① 行：通达的意思。

② 蛮貊：古人对少数民族的贬称，蛮在南，貊，音mò，在北方。

③ 州里：五家为邻，五邻为里。五党为州，二千五百家。州里指近处。

④ 绅：贵族系在腰间的大带。

译 文 *Yiwen*

子张问如何才能使自己到处都能行得通。孔子说：“说话要忠信，行事要笃敬，即使到了蛮貊地区，也可以行得通。说话不忠信，行事不笃敬，就是在本乡本土，能行得通吗？站着，就仿佛看到忠信笃敬这几个字显现在面前，坐车，就好像看到这几个字刻在车辕前的横木上，这样才能使自己到处行得通。”子张把这些话写在腰间的大带上。

15·7　子曰：“直哉史鱼[1]！邦有道，如矢；邦无道，如矢。君子哉蘧伯玉！邦有道，则仕；邦无道，则可卷而怀之。”

注 释 *Zhushi*

① 史鱼：卫国大夫，名鰌，字子鱼，他多次向卫灵公推荐蘧伯玉。

译 文 *Yiwen*

孔子说：“史鱼真是正直啊！国家有道，他的言行像箭一样直；国家无道，他的言行也像箭一样直。蘧伯玉也真是一位君子啊！国家有道就出来做官，国家无道就（辞退官职）把自己的主张收藏在心里。”

15·8　子曰：“可与言而不与之言，失人；不可与言而与言，失言。

知者不失人，亦不失言。”

译　文 *Yiwen*

孔子说：“可以同他谈的话，却不同他谈，这就是失掉了朋友；不可以同他谈的话，却同他谈，这就是说错了话。有智慧的人既不失去朋友，又不说错话。”

15·9　子曰：“志士仁人，无求生以害仁，有杀身以成仁。”

译　文 *Yiwen*

孔子说：“志士仁人，没有贪生怕死而损害仁的，只有牺牲自己的性命来成全仁的。”

15·10　子贡问为仁。子曰：“工欲善其事，必先利其器。居是邦也，事其大夫之贤者，友其士之仁者。”

译　文 *Yiwen*

子贡问怎样实行仁德。孔子说：“做工的人想把活儿做好，必须首先使他的工具锋利。住在这个国家，就要事奉大夫中的那些贤者，与士人中的仁者交朋友。”

15·11　颜渊问为邦。子曰：“行夏之时[①]，乘殷之辂[②]，服周之冕[③]，乐则韶舞[④]。放郑声[⑤]，远佞人。郑声淫，佞人殆。”

注　释 *Zhushi*

① 夏之时：夏代的历法，便于农业生产。

② 殷之辂：辂，音 lù，天子所乘的车。殷代的车是木制成，比较朴实。

③ 周之冕：周代的帽子。

④ 韶舞：是舜时的舞乐，孔子认为是尽善尽美的。

⑤ 郑声：郑国的乐曲，孔子认为是淫声。

译 文 *Yiwen*

颜渊问怎样治理国家。孔子说："用夏代的历法，乘殷代的车子，戴周代的礼帽，奏《韶》乐，禁绝郑国的乐曲，疏远能言善辩的人，郑国的乐曲浮靡不正派，巧舌如簧的人太危险。"

15 · 12 子曰："人无远虑，必有近忧。"

译 文 *Yiwen*

孔子说："人没有长远的考虑，一定会有眼前的忧患。"

15·13 子曰："已矣乎！吾未见好德如好色者也。"

译 文 *Yiwen*

孔子说："完了，我从来没有见像好色那样好德的人。"

15·14 子曰："臧文仲其窃位[①]者与！知柳下惠[②]之贤而不与立也。"

注 释 *Zhushi*

① 窃位：身居官位而不称职。

② 柳下惠：春秋中期鲁国大夫，姓展名获，又名禽，他受封的地名是柳下，惠是他的私谥，所以，人称其为柳下惠。

译 文 *Yiwen*

孔子说："臧文仲是一个窃居官位的人吧！他明知道柳下惠是个贤人，却不举荐他一起做官。"

15·15 子曰："躬自厚而薄责于人，则远怨矣。"

译 文 *Yiwen*

孔子说："多责备自己而少责备别人，那就可以避免别人的怨恨了。"

15·16 子曰："不曰'如之何，如之何'者，吾末如之何也已矣。"

译 文 *Yiwen*

孔子说："从来遇事不说'怎么办，怎么办'的人，我对他也不知怎么办才好。"

15·17 子曰："群居终日，言不及义，好行小慧，难矣哉！"

译 文 Yiwen

孔子说："整天聚在一块，说的都达不到义的标准，专好卖弄小聪明，这种人真难教导。"

15·18　子曰："君子义以为质，礼以行之，孙以出之，信以成之。君子哉！"

译 文 Yiwen

孔子说："君子以义作为根本，用礼加以推行，用谦逊的语言来表达，用忠诚的态度来完成，这就是君子了。"

15·19　子曰："君子病无能焉，不病人之不己知也。"

译 文 Yiwen

孔子说："君子只怕自己没有才能，不怕别人不知道自己。"

15·20　子曰："君子疾没世而名不称焉。"

译 文 Yiwen

孔子说："君子担心死亡以后他的名字不为人们所称颂。"

15·21　子曰："君子求诸己，小人求诸人。"

译 文 Yiwen

孔子说："君子求之于自己，小人求之于别人。"

15·22　子曰："君子矜而不争，群而不党。"

译　文 *Yiwen*

孔子说："君子庄重而不与别人争执，合群而不结党营私。"

15 · 23　子曰："君子不以言举人，不以人废言。"

译　文 *Yiwen*

孔子说："君子不凭一个人说的话来举荐他，也不因为一个人不好而不采纳他的好话。"

15 · 24　子贡问曰："有一言而可以终身行之者乎？"子曰："其恕乎！己所不欲，勿施于人。"

译　文 *Yiwen*

子贡问孔子问道："有没有一个字可以终身奉行的呢？"孔子回答说："那就是恕吧！自己不愿意的，不要强加给别人。"

15 · 25　子曰："吾之于人也，谁毁谁誉？如有所誉者，其有所试矣。斯民也，三代之所以直道而行也。"

译　文 *Yiwen*

孔子说："我对于别人，诋毁过谁？赞美过谁？如有所赞美的，必须是曾经考验过他的。夏商周三代的人都是这样做的，所以三代能直道而行。"

15 · 26　子曰："吾犹及史之阙文也，有马者借人乘之，今亡矣夫。"

译　文 *Yiwen*

孔子说："我还能够看到史书存疑的地方，有马的人（自己不会调教）先给别人使用，这种精神，今天没有了罢。"

15·27　子曰："巧言乱德。小不忍则乱大谋。"

译 文 *Yiwen*

孔子说："花言巧语就败坏人的德行，小事情不忍耐，就会败坏大事情。"

15·28　子曰："众恶之，必察焉；众好之，必察焉。"

译 文 *Yiwen*

孔子说："大家都厌恶他，我必须考察一下；大家都喜欢他，我也一定要考察一下。"

15·29　子曰："人能弘道，非道弘人。"

译 文 *Yiwen*

孔子说："人能够使道发扬光大，不是道使人的才能扩大。"

15·30　子曰："过而不改，是谓过矣。"

译 文 *Yiwen*

孔子说："有了过错而不改正，这才真叫错了。"

15·31　子曰："吾尝终日不食，终夜不寝，以思，无益，不如学也。"

译 文 *Yiwen*

孔子说："我曾经整天不吃饭，彻夜不睡觉，去左思右想，结果没有什么好处，还不如去学习为好。"

15·32　子曰："君子谋道不谋食。耕也，馁在其中矣；学也，禄在其中矣。君子忧道不忧贫。"

译 文 Yiwen

孔子说："君子只谋求道行道，不谋求衣食。耕田，也常要饿肚子；学习，可以得到俸禄。君子只担心道不能行，不担心贫穷。"

15·33 子曰："知及之[1]，仁不能守之；虽得之，必失之；知及之，仁能守之，不庄以涖之，则民不敬。知及之，仁能守之，庄以涖之，动之不以礼，未善也。"

注 释 Zhushi

① 知及之：知，同"智"。之，一说是指百姓，一说是指国家。此处我们认为指禄位和国家天下。

译 文 Yiwen

孔子说："凭借聪明才智足以得到它，但仁德不能保持它，即使得到，也一定会丧失。凭借聪明才智足以得到它，仁德可以保持它，不用严肃态度来治理百姓，那么百姓就会不敬；聪明才智足以得到它，仁德可以保持它，能用严肃态度来治理百姓，但动员百姓时不照礼的要求，那也是不完善的。"

15·34 子曰："君子不可小知[1]而可大受[2]也，小人不可大受而可小知也。"

注 释 Zhushi

① 小知：知，作为的意思，做小事情。

② 大受：受，责任，使命的意思，承担大任。

译 文 Yiwen

孔子说："君子不能让他们做那些小事，但可以让他们承担重大的使命。

15·37　子曰："君子贞而不谅。"

译　文 Yiwen

孔子说："君子固守正道，而不拘泥于小信。"

15·38　子曰："事君，敬其事而后其食。"

译　文 Yiwen

孔子说："事奉君主，要认真办事而把领取俸禄的事放在后面。"

15·39　子曰："有教无类。"

译　文 Yiwen

孔子说："人人都可以接受教育，不分族类。"

15·40　子曰："道不同，不相为谋。"

译　文 Yiwen

孔子说："主张不同，不互相商议。"

15·41　子曰："辞达而已矣。"

译　文 Yiwen

孔子说："言辞只要能表达意思就行了。"

15·42　师冕[①]见，及阶，子曰："阶也。"及席，子曰："席也。"皆坐，子告之曰："某在斯，某在斯。"师冕出，子张问曰："与师言之道与？"子曰："然，固相师之道也。"

注释 Zhushi

① 师冕：乐师，名叫冕。

译文 Yiwen

乐师冕来见孔子，走到台阶沿，孔子说："这儿是台阶。"走到坐席旁，孔子说："这是座席。"等大家都坐下来，孔子告诉他："某某在这里，某某在这里。"师冕走了以后，子张就问孔子："这就是与乐师谈话的道吗？"孔子说："这就是帮助乐师的道。"

季氏篇　第十六

本篇包括十四章，其中著名的文句有："不患寡而患不均，不患贫而患不安"；"生而知之"；"君子有三戒：少之时，血气未定，戒之在色；及其壮也，血气方刚，戒之在斗；及其老也，血气既衰，戒之在得"；"君子有三畏：畏天命，畏大人，畏圣人之言"。本篇主要谈论的问题包括孔子及其学生的政治活动、与人相处和结交时注意的原则、君子的三戒、三畏和九思等。

16·1　季氏将伐颛臾[1]。冉有、季路见于孔子曰："季氏将有事[2]于颛臾。"孔子曰："求！无乃尔是过与？夫颛臾，昔者先王以为东蒙主[3]，且在城邦之中矣，是社稷之臣也。何以伐为？"冉有曰："夫子欲之，吾二臣者皆不欲也。"孔子曰："求！周任[4]有言曰：'陈力就列[5]，不能者止。'危而不持，颠而不扶，则将焉用彼相矣？且尔言过矣，虎兕出于柙，龟玉毁于椟中，是谁之过与？"冉有曰："今夫颛臾，固而近于费[6]。今不取，后世必为子孙忧。"孔子曰："求！君子疾夫舍曰欲之而必为之辞。丘也闻有国有家者，不患寡而患不均，不患贫而患不安。盖均无贫，和无寡，安无倾。夫如是，故远人不服，则修文德以来之。既来之，则安之。今由与求也，相夫子，远人不服而不能来也，邦分崩离析而不能守也；而谋动干戈于邦内。吾恐季孙之忧，不在颛臾，而在萧墙[7]之内也。"

注　释 *Zhushi*

① 颛臾：音 zhuān yú，鲁国的附属国，在今山东省费县西。

② 有事：指有军事行动，用兵作战。

③ 东蒙主：东蒙，蒙山。主，主持祭祀的人。
④ 周任：人名，周代史官。
⑤ 陈力就列：陈力，发挥能力，按才力担任适当的职务。
⑥ 费：音 mì，季氏的采邑。
⑦ 萧墙：照壁屏风。指宫廷之内。

译 文 Yiwen

季氏将要讨伐颛臾。冉有、子路去见孔子说："季氏快要攻打颛臾了。"孔子说："冉求，这不就是你的过错吗？颛臾从前是周天子让它主持东蒙的祭祀的，而且已经在鲁国的疆域之内，是国家的臣属啊，为什么要讨伐它呢？"冉有说："季孙大夫想去攻打，我们两个人都不愿意。"孔子说："冉求，周任有句话说：'尽自己的力量去负担你的职务，实在做不好就辞职。'有了危险不去扶助，跌倒了不去搀扶，那还用辅助的人干什么呢？而且你说的话错了。老虎、犀牛从笼子里跑出来，龟甲、玉器在匣子里毁坏了，这是谁的过错呢？"冉有说："现在颛臾城墙坚固，而且离费邑很近。现在不把它夺取过来，将来一定会成为子孙的忧患。"孔子说："冉求，君子痛恨那种不肯实说自己想要那样做而又一定要找出理由来为之辩解的做法。我听说，对于诸侯和大夫，不怕贫穷，而怕财富不均；不怕人口少，而怕不安定。由于财富均了，也就没有所谓贫穷；大家和睦，就不会感到人少；安定了，也就没有倾覆的危险了。因为这样，所以如果远方的人还不归服，就用仁、义、礼、乐招徕他们；已经来了，就让他们安心住下去。现在，仲由和冉求你们两个人辅助季氏，远方的人不归服，而不能招徕他们；国内民心离散，你们不能保全，反而策划在国内使用武力。我只怕季孙的忧患不在颛臾，而是在自己的内部呢！"

16·2　孔子曰："天下有道，则礼乐征伐自天子出；天下无道，则礼乐征伐自诸侯出。自诸侯出，盖十世希不失矣；自大夫出，五世希不失矣；陪臣执国命，三世希不失矣。天下有道，则政不在大夫。天下有道，则庶人不议。”

译 文 *Yiwen*

孔子说：“天下有道的时候，制作礼乐和出兵打仗都由天子做主决定；天下无道的时候，制作礼乐和出兵打仗，由诸侯做主决定。由诸侯做主决定，大概经过十代很少有不垮台的；由大夫决定，经过五代很少有不垮台的。天下有道，国家政权就不会落在大夫手中。天下有道，老百姓也就不会议论国家政治了。”

16·3　孔子曰：“禄之去公室五世①矣，政逮于大夫四世②矣，故夫三桓③之子孙微矣。”

注 释 *Zhushi*

① 五世：指鲁国宣公、成公、襄公、昭公、定公五世。
② 四世：指季孙氏文子、武子、平子、桓子四世。
③ 三桓：鲁国仲孙、叔孙、季孙都出于鲁桓公，所以叫三桓。

译 文 *Yiwen*

孔子说：“鲁国失去国家政权已经有五代了，政权落在大夫之手已经四代了，所以三桓的子孙也衰微了。”

16·4　孔子曰：“益者三友，损者三友。友直，友谅，友多闻，益矣。友便辟，友善柔，友便佞，损矣。”

译 文 *Yiwen*

孔子说：“有益的交友有三种，有害的交友有三种。同正直的人交友，同诚信的人交友，同见闻广博的人交友，这是有益的。同惯于走邪道的人交朋友，同善于阿谀奉承的人交朋友，同惯于花言巧语的人交朋友，这是有害的。”

16·5 孔子曰：“益者三乐，损者三乐。乐节礼乐[1]，乐道人之善，乐多贤友，益矣。乐骄乐[2]，乐佚游，乐晏乐[3]，损矣。”

注释 Zhushi

①节礼乐：孔子主张用礼乐来节制人。

②骄乐：骄纵不知节制的乐。

③晏乐：沉溺于宴饮取乐。

译文 Yiwen

孔子说：“有益的喜好有三种，有害的喜好有三种。以礼乐调节自己为喜好，以称道别人的好处为喜好，以有许多贤德之友为喜好，这是有益的。喜好骄傲，喜欢闲游，喜欢大吃大喝，这就是有害的。”

16·6 孔子曰：“侍于君子有三愆：言未及之而言谓之躁，言及之而不言谓之隐，未见颜色而言谓之瞽。”

译文 Yiwen

孔子说：“侍奉在君子旁边陪他说话，要注意避免犯三种过失：还没有问到你的时候就说话，这是急躁；已经问到你的时候你却不说，这叫隐瞒；不看君子的脸色而贸然说话，这是瞎子。”

16·7 孔子曰：“君子有三戒：少之时，血气未定，戒之在色；及其壮也，血气方刚，戒之在斗；及其老也，血气既衰，戒之在得。”

译 文 *Yiwen*

孔子说："君子有三种事情应引以为戒：年少的时候，血气还不成熟，要戒除对女色的迷恋；等到身体成熟了，血气方刚，要戒除与人争斗；等到老年，血气已经衰弱了，要戒除贪得无厌。"

16·8　孔子曰："君子有三畏：畏天命，畏大人，畏圣人之言。小人不知天命而不畏也，狎大人，侮圣人之言。"

译 文 *Yiwen*

孔子说："君子有三件敬畏的事情：敬畏天命，敬畏地位高贵的人，敬畏圣人的话，小人不懂得天命，因而也不敬畏，不尊重地位高贵的人，轻侮圣人之言。"

16·9　孔子曰："生而知之者，上也；学而知之者，次也；困而学之，又其次也；困而不学，民斯为下矣。"

译 文 *Yiwen*

孔子说："生来就知道的人，是上等人；经过学习以后才知道的，是次一等的人；遇到困难再去学习的，是又次一等的人；遇到困难还不学习的人，这种人就是下等的人了。"

16·10　孔子曰："君子有九思：视思明，听思聪，色思温，貌思恭，言思忠，事思敬，疑思问，忿思难，见得思义。"

译 文 *Yiwen*

孔子说："君子有九种要思考的事：看的时候，要思考看清与否；听的时候，要思考是否听清楚；自己的脸色，要思考是否温和，容貌要思考是否谦恭；

言谈的时候，要思考是否忠诚；办事要思考是否谨慎严肃；遇到疑问，要思考是否应该向别人询问；忿怒时，要思考是否有后患，获取财利时，要思考是否合乎义的准则。”

16·11　子曰：“见善如不及，见不善如探汤。吾见其人矣，吾闻其语矣。隐居以求其志，行义以达其道。吾闻其语矣，未见其人也。”

译　文 *Yiwen*

孔子说：“看到善良的行为，就担心达不到，看到不善良的行动，就好像把手伸到开水中一样赶快避开。我见到过这样的人，也听到过这样的话。以隐居避世来保全自己的志向，依照义而贯彻自己的主张。我听到过这种话，却没有见到过这样的人。”

16·12　齐景公有马千驷，死之日，民无德而称焉。伯夷叔齐饿死于首阳之下，民到于今称之。其斯之谓与？

译　文 *Yiwen*

齐景公有马四千匹，死的时候，百姓们觉得他没有什么德行可以称颂。伯夷、叔齐饿死在首阳山下，百姓们到现在还在称颂他们。说的就是这个意思吧。

16·13　陈亢[①]问于伯鱼曰：“子亦有异闻[②]乎？”对曰：“未也。尝独立，鲤趋而过庭。曰：‘学诗乎？’对曰：‘未也。’‘不学诗，无以言。’鲤退而学诗。他日又独立，鲤趋而过庭。曰：‘学礼乎？’对曰：‘未也。’‘不学礼，无以立。’鲤退而学礼。闻斯二者。”陈亢退而喜曰：“问一得三。闻诗，闻礼，又闻君子之远[③]其子也。”

注 释 Zhushi

① 陈亢：亢，音gāng，即陈子禽。

② 异闻：这里指不同于对其他学生所讲的内容。

③ 远：音yuàn，不亲近，不偏爱。

译 文 Yiwen

陈亢问伯鱼："你在老师那里听到过什么特别的教诲吗？"伯鱼回答说："没有呀。有一次他独自站在堂上，我快步从庭里走过，他说：'学《诗》了吗？'我回答说：'没有。'他说：'不学诗，就不懂得怎么说话。'我回去就学《诗》。又有一天，他又独自站在堂上，我快步从庭里走过，他说：'学礼了吗？'我回答说：'没有。'他说：'不学礼就不懂得怎样立身。'我回去就学礼。我就听到过这两件事。"陈亢回去高兴地说："我提一个问题，得到三方面的收获，听了关于《诗》的道理，听了关于礼的道理，又听了君子不偏爱自己儿子的道理。"

16·14　邦君之妻，君称之曰夫人，夫人自称曰小童，邦人称之曰君夫人，称诸异邦曰寡小君，异邦人称之亦曰君夫人。

译 文 Yiwen

国君的妻子，国君称她为夫人，夫人自称为小童，国人称她为君夫人，对他国人则称她为寡小君，他国人也称她为君夫人。

阳货篇　第十七

本篇共二十六章。其中著名的文句有："性相近也，习相远也"；"唯上知与下愚不移"；"君子有勇而无义为乱，小人有勇而无义为盗"；"唯女子与小人为难养也"。这一篇中，介绍了孔子的道德教育思想，孔子对仁的进一步解释，还有关于为父母守丧三年问题，也谈到君子与小人的区别等等。

17 · 1　阳货[1]欲见孔子，孔子不见，归孔子豚。孔子时其亡[2]也，而往拜之，遇诸涂[3]。谓孔子曰："来！予与尔言。"曰："怀其宝而迷其邦[4]，可谓仁乎？"曰："不可。""好从事而亟失时，可谓知乎？"曰："不可。""日月逝矣，岁不我与。"孔子曰："诺，吾将仕矣。"

注　释 *Zhushi*

① 阳货：又叫阳虎，季氏的家臣。

② 时其亡：等他外出的时候。

③ 涂：同"途"，道路。

④ 迷其邦：听任国家迷乱。

译　文 *Yiwen*

阳货想见孔子，孔子不见，他便赠送给孔子一只熟小猪，想要孔子去拜见他。孔子打听到阳货不在家时，往阳货家拜谢，却在半路上遇见了。阳货对孔子说："来，我有话要跟你说。"（孔子走过去。）阳货说："把自己的本领藏起来而听任国家迷乱，这可以叫做仁吗？"（孔子回答）说："不可以。"（阳货）说："喜欢参与政事而又屡次错过机会，这可以说是智吗？"（孔子回答）说：

"不可以。"（阳货）说："时间一天天过去了，年岁是不等人的。"孔子说："好吧，我将要去做官了。"

17·2　子曰："性相近也，习相远也。"

译　文 Yiwen

孔子说："人的本性是相近的，由于习染不同才相互有了差别。"

17·3　子曰："唯上知与下愚不移。"

译　文 Yiwen

孔子说："只有上等的智者与下等的愚者是改变不了的。"

17·4　子之武城[1]，闻弦歌[2]之声。夫子莞尔而笑，曰："割鸡焉用牛刀？"子游对曰："昔者偃也闻诸夫子曰：'君子学道则爱人，小人学道则易使也。'"子曰："二三子！偃之言是也。前言戏之耳。"

注　释 Zhushi

① 武城：鲁国的一个小城，当时子游是武城宰。
② 弦歌：弦，指琴瑟。以琴瑟伴奏歌唱。

译　文 Yiwen

孔子到武城，听见弹琴唱歌的声音。孔子微笑着说："杀鸡何必用宰牛的刀呢？"子游回答说："以前我听先生说过，'君子学习了礼乐就能爱人，小人学习了礼乐就容易指使。'"孔子说："学生们，言偃的话是对的。我刚才说的话，只是开个玩笑而已。"

17·5　公山弗扰[1]以费畔，召，子欲往。子路不悦，曰："末之也

已，何必公山氏之之也。”子曰：“夫召我者，而岂徒哉？如有用我者，吾其为东周乎②？”

注 释 Zhushi

① 公山弗扰：人名，又称公山不狃，字子洩，季氏的家臣。
② 吾其为东周乎：为东周，建造一个东方的周王朝，在东方复兴周礼。

译 文 Yiwen

公山弗扰据费邑反叛，来召孔子，孔子准备前去。子路不高兴地说：“没有地方去就算了，为什么一定要去公山弗扰那里呢？”孔子说：“他来召我，难道只是一句空话吗？如果有人用我，我就要在东方复兴周礼，建设一个东方的西周。”

17·6　子张问仁于孔子。孔子曰：“能行五者于天下为仁矣。”“请问之。”曰：“恭、宽、信、敏、惠。恭则不侮，宽则得众，信则人任焉，敏则有功，惠则足以使人。”

译 文 Yiwen

子张向孔子问仁。孔子说：“能够处处实行五种品德。就是仁人了。”子张说：“请问哪五种。”孔子说：“庄重、宽厚、诚实、勤敏、慈惠。庄重就不致遭受侮辱，宽厚就会得到众人的拥护，诚信就能得到别人的任用，勤敏就会提高工作效率，慈惠就能够使唤人。”

17·7　佛肸①召，子欲往。子路曰：昔者由也闻诸夫子曰：‘亲于其身为不善者，君子不入也。’佛肸以中牟②畔，子之往也，如之何？”子曰：“然，有是言也。不曰坚乎，磨而不磷③；不曰白乎，涅④而不缁。吾岂匏瓜⑤也哉？焉能系而不食？”

注释 Zhushi

① 佛肸：音 bì xī，晋国大夫范氏家臣，中牟城地方官。
② 中牟：地名，在晋国，约在今河北邢台与邯郸之间。
③ 磷：损伤。
④ 涅：一种矿物质，可用作颜料染衣服。
⑤ 匏瓜：葫芦中的一种，味苦不能吃。

译文 Yiwen

佛肸召孔子去，孔子打算前往。子路说："从前我听先生说过：'亲自做坏事的人那里，君子是不去的。'现在佛肸据中牟反叛，你却要去，这如何解释呢？"孔子说："是的，我有过这样的话。不是说坚硬的东西磨也磨不坏吗？不是说洁白的东西染也染不黑吗？我难道是个苦味的葫芦吗？怎么能只挂在那里而不给人吃呢？"

17·8 子曰："由也，女闻六言六蔽矣乎？"对曰："未也。""居①，吾语女。好仁不好学，其蔽也愚；好知不好学，其蔽也荡；好信不好学，其蔽也贼②；好直不好学，其蔽也绞③；好勇不好学，其蔽也乱；好刚不好学，其蔽也狂。"

注释 Zhushi

① 居：坐。
② 贼：害。
③ 绞：说话尖刻。

译文 Yiwen

孔子说："由呀，你听说过六种品德和六种弊病了吗？"子路回答说："没有。”孔子说：“坐下，我告诉你。爱好仁德而不爱好学习，它的弊病是受人愚弄；爱好智慧而不爱好学习，它的弊病是行为放荡；爱好诚信而不爱好学习，它的弊病是危害亲人；爱好直率却不爱好学习，它的弊病是说话尖刻；爱好勇敢却不爱好学习，它的弊病是犯上作乱；爱好刚强却不爱好学习，它的弊病是狂妄自大。”

17·9 子曰：“小子何莫学夫《诗》。《诗》，可以兴[①]，可以观[②]，可以群[③]，可以怨[④]。迩之事父，远之事君；多识于鸟兽草木之名。”

注释 Zhushi

① 兴：激发感情的意思。一说是诗的比兴。
② 观：观察了解天地万物与人间万象。
③ 群：合群。
④ 怨：讽谏上级，怨而不怒。

译文 Yiwen

孔子说：“学生们为什么不学习《诗》呢？学《诗》可以激发志气，可以观察天地万物及人间的盛衰与得失，可以使人懂得合群的必要，可以使人懂得怎样去讽谏上级。近可以用来事奉父母，远可以事奉君主；还可以多知道一些鸟兽草木的名字。”

17·10 子谓伯鱼曰：“女为《周南》《召南》[①]矣乎？人而不为《周南》《召南》，其犹正墙面而立也与？”

注释 Zhushi

① 《周南》《召南》：《诗经·国风》中的第一、二两部分篇名。周南和召南都是地名，这是当地的民歌。

译　文 *Yiwen*

孔子对伯鱼说："你学习《周南》《召南》了吗？一个人如果不学习《周南》《召南》，那就像面对墙壁而站着吧？"

17·11　子曰："礼云礼云，玉帛云乎哉？乐云乐云，钟鼓云乎哉？"

译　文 *Yiwen*

孔子说："礼呀礼呀，只是说的玉帛之类的礼器吗？乐呀乐呀，只是说的钟鼓之类的乐器吗？"

17·12　子曰："色厉而内荏，譬诸小人，其犹穿窬之盗也与？"

译　文 *Yiwen*

孔子说："外表严厉而内心虚弱，用小人打比喻，就像是挖墙洞的小偷吧？"

17·13　子曰："乡愿，德之贼也。"

译　文 *Yiwen*

孔子说："那些表里不一的伪君子，就是破坏道德的人。"

17·14　子曰："道听而途说，德之弃也。"

译　文 *Yiwen*

孔子说："在路上听到传言就到处去传播，这是道德所唾弃的。"

17·15　子曰："鄙夫可与事君也与哉？其未得之也，患得之。既得之，患失之。苟患失之，无所不至矣。"

译 文 *Yiwen*

孔子说："可以和一个鄙夫一起事奉君主吗？他在没有得到官位时，总担心得不到。已经得到了，又怕失去它。如果他担心失掉官职，那他就什么事都干得出来了。"

17·16　子曰："古者民有三疾，今也或是之亡也。古之狂也肆，今之狂也荡；古之矜也廉，今之矜也忿戾；古之愚也直，今之愚也诈而已矣。"

译 文 *Yiwen*

孔子说："古代人有三种毛病，现在恐怕连这三种毛病也不是原来的样子了。古代的狂者不过是愿望太高，而现在的狂妄者却是放荡不羁；古代骄傲的人不过是难以接近，现在那些骄傲的人却是凶恶蛮横；古代愚笨的人不过是直率一些，现在的愚笨者却是欺诈啊！"

17·17　子曰："巧言令色，鲜矣仁。"①

注 释 *Zhushi*

① 本章已见于《学而篇》第一之第三章，此处系重出。

17·18　子曰："恶紫之夺朱也，恶郑声之乱雅乐也，恶利口之覆邦家者。"

译 文 *Yiwen*

孔子说："我厌恶用紫色取代红色，厌恶用郑国的声乐扰乱雅乐，厌恶用伶牙俐齿而颠覆国家这样的事情。"

17·19　子曰："予欲无言。"子贡曰："子如不言，则小子何述焉？"子曰："天何言哉？四时行焉，百物生焉，天何言哉？"

译 文 *Yiwen*

孔子说："我想不说话了。"子贡说："你如果不说话，那么我们这些学生还传述什么呢？"孔子说："天何尝说话呢？四季照常运行，百物照样生长。天说了什么话呢？"

17·20　孺悲[1]欲见孔子，孔子辞以疾。将命者出户，取瑟而歌，使之闻之。

注 释 *Zhushi*

① 孺悲：鲁国人，鲁哀公曾派他向孔子学礼。

译 文 *Yiwen*

孺悲想见孔子，孔子以有病为由推辞不见。传话的人刚出门，（孔子）便取来瑟边弹边唱，（有意）让孺悲听到。

17·21　宰我问："三年之丧，期已久矣。君子三年不为礼，礼必坏；三年不为乐，乐必崩。旧谷既没，新谷既升，钻燧改火[1]，期[2]可已矣。"子曰："食夫稻[3]，衣夫锦，于女安乎？"曰："安。""女安则为之。夫君子之居丧，食旨[4]不甘，闻乐不乐，居处不安，故不为也。今女安，则为之！"宰我出，子曰："予之不仁也！子生三年，然后免于父母之怀，夫三年之丧，天下之通丧也。予也有三年之爱于其父母乎？"

注 释 *Zhushi*

① 钻燧改火：古人钻木取火，四季所用木头不同，每年轮一遍，叫改火。

② 期：音 jī，一年。

③ 食夫稻：古代北方少种稻米，故大米很珍贵。这里是说吃好的。

④ 旨：甜美，指吃好的食物。

译文 Yiwen

宰我问："服丧三年，时间太长了。君子三年不讲究礼仪，礼仪必然败坏；三年不演奏音乐，音乐就会荒废。旧谷吃完，新谷登场，钻燧取火的木头轮过了一遍，有一年的时间就可以了。"孔子说："（才一年的时间）你就吃开了大米饭，穿起了锦缎衣，你心安吗？"宰我说："我心安。"孔子说："你心安，你就那样去做吧！君子守丧，吃美味不觉得香甜，听音乐不觉得快乐，住在家里不觉得舒服，所以不那样做。如今你既觉得心安，你就那样去做吧！"宰我出去后，孔子说："宰予真是不仁啊！小孩生下来，到三岁时才能离开父母的怀抱。服丧三年，这是天下通行的丧礼。难道宰子对他的父母没有三年的爱吗？"

17·22　子路曰："饱食终日，无所用心，难矣哉！不有博弈者乎？为之，犹贤乎已。"

译 文 Yiwen

孔子说："整天吃饱了饭，什么心思也不用，真太难了！不是还有玩博和下棋的游戏吗？干这个，也比闲着好。"

17·23　子路曰："君子尚勇乎？"子曰："君子义以为上。君子有勇而无义为乱，小人有勇而无义为盗。"

译 文 Yiwen

子路说："君子崇尚勇敢吗？"孔子答道："君子以义作为最高尚的品德，君子有勇无义就会作乱，小人有勇无义就会偷盗。"

17·24　子贡曰："君子亦有恶乎？"子曰："有恶。恶称人之恶者，恶居下流而讪①上者，恶勇而无礼者，恶果敢而窒②者。"曰："赐也亦有恶乎？""恶徼③以为知者，恶不孙以为勇者，恶讦以为直者。"

注 释 Zhushi

① 讪：shàn，诽谤。
② 窒：阻塞，不通事理，顽固不化。
③ 徼：音 jiǎo，窃取，抄袭。

译 文 Yiwen

子贡说："君子也有厌恶的事吗？"孔子说："有厌恶的事。厌恶宣扬别人坏处的人，厌恶身居下位而诽谤在上者的人，厌恶勇敢而不懂礼节的人，厌恶固执而又不通事理的人。"孔子又说："赐，你也有厌恶的事吗？"子贡说：

“厌恶偷袭别人的成绩而作为自己的知识的人，厌恶把不谦虚当作勇敢的人，厌恶揭发别人的隐私而自以为直率的人。”

17·25　子曰：“唯女子与小人为难养也，近之则不逊，远之则怨。”

译文 Yiwen

孔子说：“只有女子和小人是难以教养的，亲近他们，他们就会无礼，疏远他们，他们就会报怨。”

17·26　子曰：“年四十而见恶焉，其终也已。”

译文 Yiwen

孔子说：“到了四十岁的时候还被人所厌恶，他这一生也就终结了。”

微子篇　第十八

本篇共计十一章。其中著名的文句有："四体不勤，五谷不分"；"往者不可谏，来者犹可追"。这一篇中有如下内容：孔子的政治思想主张，孔子弟子与老农谈孔子、孔子关于塑造独立人格的思想等。

18·1　微子[1]去之，箕子[2]为之奴，比干[3]谏而死。孔子曰："殷有三仁焉。"

注释 Zhushi

① 微子：殷纣王的同母兄长，见纣王无道，劝他不听，遂离开纣王。
② 箕子：箕，音 jī。殷纣王的叔父。他去劝纣王，见王不听，便披发装疯，被降为奴隶。
③ 比干：殷纣王的叔父，屡次强谏，激怒纣王而被杀。

译文 Yiwen

微子离开了纣王，箕子做了他的奴隶，比干被杀死了。孔子说："这是殷朝的三位仁人啊！"

18·2　柳下惠为士师[1]，三黜。人曰："子未可以去乎？"曰："直道而事人，焉往而不三黜？枉道而事人，何必去父母之邦？"

注释 Zhushi

① 士师：典狱官，掌管刑狱。

译　文 *Yiwen*

柳下惠当典狱官，三次被罢免。有人说："你不可以离开鲁国吗？"柳下惠说："按正道事奉君主，到哪里不会被多次罢官呢？如果不按正道事奉君主，为什么一定要离开本国呢？"

18·3　齐景公待孔子曰："若季氏，则吾不能；以季、孟之间待之。"曰："吾老矣，不能用也。"孔子行。

译　文 *Yiwen*

齐景公讲到对待孔子的礼节时说："像鲁君对待季氏那样，我做不到，我用介于季氏孟氏之间的待遇对待他。"又说："我老了，不能用了。"孔子离开了齐国。

18·4　齐人归①女乐，季桓子②受之，三日不朝。孔子行。

注　释 *Zhushi*

① 归：同馈，赠送。

② 季桓子：鲁国宰相季孙斯。

译　文 *Yiwen*

齐国人赠送了一些歌女给鲁国，季桓子接受了，三天不上朝。孔子于是离开了。

18·5　楚狂接舆①歌而过孔子曰："凤兮凤兮！何德之衰？往者不可谏，来者犹可追。已而已而！今之从政者殆而！"孔子下，欲与之言。趋而辟之，不得与之言。

注 释 *Zhushi*

① 楚狂接舆：一说楚国的狂人接孔子之车；一说楚国叫接舆的狂人。本书采用第二种说法。

译 文 *Yiwen*

楚国的狂人接舆唱着歌从孔子的车旁走过，他唱道："凤凰啊，凤凰啊，你的德运怎么这么衰弱呢？过去的已经无可挽回，未来的还来得及改正。算了吧，算了吧。今天的执政者危乎其危！"孔子下车，想同他谈谈，他却赶快避开，孔子没能和他交谈。

18·6　长沮、桀溺①耦而耕②。孔子过之，使子路问津焉。长沮曰："夫执舆③者为谁？"子路曰："为孔丘。"曰："是鲁孔丘与？"曰："是也。"曰："是知津矣。"问于桀溺。桀溺曰："子为谁？"曰："为仲由。"曰："是孔丘之徒与？"对曰："然。"曰："滔滔者天下皆是也，而谁以易之？且而与其从辟人之士也，岂若从辟世之士哉？"耰④而不辍。子路行以告。夫子怃然曰："鸟兽不可与同群，吾非斯人之徒与而谁与？天下有道，丘不与易也。"

注 释 *Zhushi*

① 长沮、桀溺：两位隐士，真实姓名和身世不详。

② 耦而耕：两个人合力耕作。

③ 执舆：即执辔。

④ 耰：音 yōu，用土覆盖种子。

译 文 *Yiwen*

长沮、桀溺在一起耕种，孔子路过，让子路去寻问渡口在哪里。长沮问子路："那个拿着缰绳的是谁？"子路说："是孔丘。"长沮说；"是鲁国的孔丘吗？"

子路说："是的。"长沮说："那他是早已知道渡口的位置了。"子路再去问桀溺。桀溺说："你是谁？"子路说："我是仲由。"桀溺说："你是鲁国孔丘的门徒吗？"子路说："是的。"桀溺说："像洪水一般的坏东西到处都是，你们同谁去改变它呢？而且你与其跟着躲避人的人，为什么不跟着我们这些躲避社会的人呢？"说完，仍旧不停地做田里的农活。子路回来后把情况报告给孔子。孔子很失望地说："人是不能与飞禽走兽合群共处的，如果不同世上的人群打交道还与谁打交道呢？如果天下太平，我就不会与你们一道来从事改革了。"

18·7　子路从而后，遇丈人，以杖荷蓧①。子路问曰："子见夫子乎？"丈人曰："四体不勤，五谷不分，孰为夫子？"植其杖而芸。子路拱而立。止子路宿，杀鸡为黍而食之。见其二子焉。明日，子路行以告。子曰："隐者也。"使子路反见之。至，则行矣。子路曰："不仕无义。长幼之节，不可废也；君臣之义，如之何其废之？欲洁其身，而乱大伦。君子之仕也，行其义也。道之不行，已知之矣。"

注释 Zhushi

① 蓧：音 diào，古代耘田所用的竹器。

译文 Yiwen

子路跟随孔子出行，落在了后面，遇到一个老丈，用拐杖挑着除草的工具。子路问道："你看到我的老师吗？"老丈说："我手脚不停地劳作，五谷还来不及播种，哪里顾得上你的老师是谁？"说完，便扶着拐杖去除草。子路拱着手恭敬地站在一旁。老丈留子路到他家住宿，杀了鸡，做了小米饭给他吃，又叫两个儿子出来与子路见面。第二天，子路赶上孔子，把这件事向他作了报告。孔子说："这是个隐士啊。"叫子路回去再看看他。子路到了那里，老丈已经走了。子路说："不做官是不对的。长幼间的关系是不可能废弃的；君臣间的关系怎么能废弃呢？想要自身清白，却破坏了根本的君臣伦理关系。君子做官，只是为了实行君臣之义的。至于道的行不通，早就知道了。”

18·8　逸[①]民：伯夷、叔齐、虞仲、夷逸、朱张、柳下惠、少连[②]。子曰：“不降其志，不辱其身，伯夷、叔齐与？”谓柳下惠、少连，“降志辱身矣，言中伦，行中虑，其斯而已矣。”谓虞仲、夷逸，“隐居放[③]言，身中清，废中权。”“我则异于是，无可无不可。”

注释 *Zhushi*

① 逸：同“佚”，散失、遗弃。
② 虞仲、夷逸、朱张、少连：此四人身世无从考，从文中意思看，当是没落贵族。
③ 放：放置，不再谈论世事。

译文 *Yiwen*

被遗落的人有：伯夷、叔齐、虞仲、夷逸、朱张、柳下惠、少连。孔子说：“不降低自己的意志，不屈辱自己的身份，这是伯夷、叔齐吧。”说柳下惠、少连，“被迫降低自己的意志，屈辱自己的身份，但说话合乎伦理，行为合乎人心。”说虞仲、夷逸，“过着隐居的生活，说话很随便，能洁身自爱，离开官位合乎权宜。”“我却同这些人不同，可以这样做，也可以那样做。”

18·9　大师挚[①]适齐，亚饭[②]干适楚，三饭缭适蔡，四饭缺适秦，鼓方叔[③]入于河，播鼗[④]武入于汉，少师[⑤]阳、击磬襄[⑥]入于海。

注释 *Zhushi*

① 大师挚：大同“太”。太师是鲁国乐官之长，挚是人名。
② 亚饭、三饭、四饭：都是乐官名。干、缭、缺是人名。
③ 鼓方叔：击鼓的乐师名方叔。

④ 鼗：音 táo，小鼓。
⑤ 少师：乐官名，副乐师。
⑥ 击磬襄：击磬的乐师，名襄。

译 文 Yiwen

太师挚到齐国去了，亚饭干到楚国去了，三饭缭到蔡国去了，四饭缺到秦国去了，打鼓的方叔到了黄河边，敲小鼓的武到了汉水边，少师阳和击磬的襄到了海滨。

18 · 10　周公谓鲁公[①]曰："君子不施[②]其亲，不使大臣怨乎不以。故旧无大故，则不弃也。无求备于一人。"

注 释 Zhushi

① 鲁公：指周公的儿子伯禽，封于鲁。
② 施：同"弛"，怠慢、疏远。

译 文 Yiwen

周公对鲁公说："君子不疏远他的亲属，不使大臣们抱怨不用他们。旧友老臣没有大的过失，就不要抛弃他们，不要对人求全责备。"

18 · 11　周有八士[①]：伯达、伯适、伯突、仲忽、叔夜、叔夏、季随、季騧。

注 释 Zhushi

① 八士：本章中所说八士已不可考。

译 文 Yiwen

周代有八个士：伯达、伯适、伯突、仲忽、叔夜、叔夏、季随、季騧。

子张篇　第十九

本篇共计二十五章。其中著名的文句有：“见危致命，见得思义”；“仕而优则学，学而优则仕”；“君子之过，犹日月之食”；“其生也荣，其死也哀”。本篇中包括的主要内容有：孔子学而不厌、不耻下问的精神；孔子对殷纣王的批评，孔子关于学与仕的关系，君子与小人在有过失时的不同表现，以及孔子与其学生和他人之间的对话。

19·1　子张曰：“士见危致命，见得思义，祭思敬，丧思哀，其可已矣。”

译　文 *Yiwen*

子张说：“士遇见危险时能献出自己的生命，看见有利可得时能考虑是否符合义的要求，祭祀时能想到是否严肃恭敬，居丧的时候想到自己是否哀伤，这样就可以了。”

19·2　子张曰：“执德不弘，信道不笃，焉能为有？焉能为亡？”

译　文 *Yiwen*

子张说：“实行德而不能发扬光大，信仰道而不忠实坚定，（这样的人）怎么能说有，又怎么说他没有？”

19·3　子夏之门人问交于子张。子张曰：“子夏云何？”对曰：“子夏曰：‘可者与之，其不可者拒之。’”子张曰：“异乎吾所闻：君子尊贤而容众，嘉善而矜不能。我之大贤与，于人何所不容？我之不贤与，人将拒我，如之何其拒人也？”

译 文 *Yiwen*

子夏的学生向子张询问怎样结交朋友。子张说："子夏是怎么说的？"答道："子夏说：'可以相交的就和他交朋友，不可以相交的就拒绝他。'"子张说："我所听到的和这些不一样：君子既尊重贤人，又能容纳众人；能够赞美善人，又能同情能力不够的人。如果我是十分贤良的人，那我对别人有什么不能容纳的呢？我如果不贤良，那人家就会拒绝我，又怎么谈能拒绝人家呢？"

19·4　子夏曰："虽小道①，必有可观者焉，致远恐泥②，是以君子不为也。"

注 释 *Zhushi*

① 小道：指各种农工商医卜之类的技能。
② 泥：阻滞，不通，妨碍。

译 文 *Yiwen*

子夏说："虽然都是些小的技艺，也一定有可取的地方，但用它来达到远大目标就行不通了。"

19·5　子夏曰："日知其所亡，月无忘其所能，可谓好学也已矣。"

译 文 *Yiwen*

子夏说："每天学到一些过去所不知道的东西，每月都不能忘记已经学会的东西，这就可以叫作好学了。"

19·6　子夏曰："博学而笃志①，切问而近思，仁在其中矣。"

注 释 *Zhushi*

① 笃志：志，意为“识”，此为强记之义。

译 文 *Yiwen*

子夏说：“博览群书广泛学习而且记得牢固，就与切身有关的问题提出疑问并且去思考，仁就在其中了。”

19·7 **子夏曰：“百工居肆以成其事，君子学以致其道。”**

译 文 *Yiwen*

子夏说：“各行各业的工匠住在作坊里来完成自己的工作，君子通过学习来掌握道。”

19·8 **子夏说：“小人之过也必文。”**

译 文 *Yiwen*

子夏说：“小人犯了过错一定要掩饰。”

19·9 **子夏曰：“君子有三变：望之俨然，即之也温，听其言也厉。”**

译 文 *Yiwen*

子夏说：“君子有三变：远看他的样子庄严可怕，接近他又温和可亲，听他说话语言严厉不苟。”

19·10 **子夏曰：“君子信而后劳其民；未信，则以为厉己也，信而后谏；未信，则以为谤己也。”**

译　文 *Yiwen*

子夏说："君子必须取得信任之后才去役使百姓，否则百姓就会以为是在虐待他们。要先取得信任，然后才去规劝；否则，（君主）就会以为你在诽谤他。"

19·11　子夏曰："大德不逾闲[①]，小德出入可也。"

注　释 *Zhushi*

① 闲：木栏，这里指界限。

译　文 *Yiwen*

子夏说："大节上不能超越界限，小节上有些出入是可以的。"

19·12　子游曰："子夏之门人小子，当洒扫应对进退，则可矣，抑末也。本之则无，如之何？"子夏闻之，曰："噫，言游过矣！君子之道，孰先传焉？孰后倦焉？譬诸草木，区以别矣。君子之道，焉可诬也？有始有卒者，其惟圣人乎？"

译　文 *Yiwen*

子游说："子夏的学生，做些打扫和迎送客人的事情是可以的，但这些不过是末节小事，根本的东西却没有学到，这怎么行呢？"子夏听了，说："唉，子游错了。君子之道先传授哪一条，后传授哪一条，这就像草和木一样，都是分类区别的。君子之道怎么可以随意歪曲，欺骗学生呢？能按次序有始有终地教授学生们，恐怕只有圣人吧！"

19·13　子夏曰："仕而优则学，学而优则仕。"

译 文 Yiwen

子夏说："做官还有余力的人，就可以去学习，学习有余力的人，就可以去做官。"

19·14　子游曰："丧致乎哀而止。"

译 文 Yiwen

子游说："丧事做到尽哀也就可以了。"

19·15　子游曰："吾友张也为难能也，然而未仁。"

译 文 Yiwen

子游说："我的朋友子张可以说是难得的了，然而还没有做到仁。"

19·16　曾子曰："堂堂乎张也，难与并为仁矣。"

译 文 Yiwen

曾子说："子张外表堂堂，难以和他一起做到仁的。"

19·17　曾子曰："吾闻诸夫子，人未有自致者也，必也亲丧乎。"

译 文 Yiwen

曾子说："我听老师说过，人不可能自动地充分发挥感情，（如果有）一定是在父母死亡的时候。"

19·18　曾子曰："吾闻诸夫子，孟庄子⑦之孝也，其他可能也；其不改父之臣与父之政，是难能也。"

注 释 *Zhushi*

① 孟庄子：鲁国大夫孟孙速。

译 文 *Yiwen*

曾子说：“我听老师说过，孟庄子的孝，其他人也可以做到，但他不更换父亲的旧臣及其政治措施，这是别人难以做到的。”

19 · 19 孟氏使阳肤[①]为士师，问于曾子。曾子曰：“上失其道，民散久矣。如得其情，则哀矜而勿喜。”

注 释 *Zhushi*

① 阳肤：曾子的学生。

译 文 *Yiwen*

孟氏任命阳肤做典狱官，阳肤向曾子请教。曾子说：“在上位的人离开了正道，百姓早就离心离德了。你如果能弄清他们的情况，就应当怜悯他们，而不要自鸣得意。”

19 · 20 子贡曰：“纣[①]之不善，不如是之甚也。是以君子恶居下流，天下之恶皆归焉。”

注 释 *Zhushi*

① 纣：商代最后一个君主，名辛，纣是他的谥号，历来被认为是一个暴君。

译 文 *Yiwen*

子贡说：“纣王的不善，不像传说的那样厉害。所以君子憎恨处在下流的地方，使天下一切坏名声都归到他的身上。”

19·21 子贡曰："君子之过也，如日月之食焉。过也，人皆见之；更也，人皆仰之。"

译 文 *Yiwen*

子贡说："君子的过错好比日月之蚀。他犯过错，人们都看得见；他改正过错，人们都仰望着他。"

19·22 卫公孙朝[①]问于子贡曰："仲尼焉学？"子贡曰："文武之道，未坠于地，在人。贤者识其大者，不贤者识其小者，莫不有文武之道焉。夫子焉不学？而亦何常师之有？"

注 释 *Zhushi*

① 卫公孙朝：卫国的大夫公孙朝。

译 文 *Yiwen*

卫国的公孙朝问子贡说："仲尼的学问是从哪里学来的？"子贡说："周文王武王的道，并没有失传，还留在人们中间。贤能的人可以了解它的根本，不贤的人只了解它的末节，没有什么地方无文王武王之道。我们老师何处不学，又何必要有固定的老师传播呢？"

19·23 叔孙武叔[①]语大夫于朝曰："子贡贤于仲尼。"子服景伯[②]以告子贡。子贡曰："譬之宫墙，赐之墙也及肩，窥见室家之好。夫子之墙数仞，不得其门而入，不见宗庙之类，百官[③]之富。得其门者或寡矣。夫子之云，不亦宜乎！"

注 释 *Zhushi*

① 叔孙武叔：鲁国大夫，名州仇，三桓之一。

② 子服景伯：鲁国大夫。

③ 官：这里指房舍。

译 文 *Yiwen*

叔孙武叔在朝廷上对大夫们说："子贡比仲尼更贤。"子服景伯把这一番话告诉了子贡。子贡说："拿围墙来作比喻，我家的围墙只有齐肩高，老师家的围墙却有几仞高，如果找不到门进去，你就看不见里面宗庙的富丽堂皇和房屋的绚丽多彩。能够找到门进去的人并不多。叔孙武叔那么讲，不也是很自然吗？"

19 · 24 叔孙武叔毁仲尼。子贡曰："无以为也！仲尼不可毁也。他人之贤者，丘陵也，犹可逾也；仲尼，日月也，无得而逾焉。人虽欲自绝，其何伤于日月乎？多见其不知量也。"

译 文 *Yiwen*

叔孙武叔诽谤仲尼。子贡说："（这样做）是没有用的！仲尼是毁谤不了的。别人的贤德好比丘陵，还可超越过去，仲尼的贤德好比太阳和月亮，是无法超越的。虽然有人要自绝于日月，对日月又有什么损害呢？只是表明他不自量力而已。"

19 · 25 陈子禽谓子贡曰："子为恭也，仲尼岂贤于子乎？"子贡曰："君子一言以为知，一言以为不知，言不可不慎也。夫子之不可及也，犹天之不可阶而升也。夫子之得邦家者，所谓立之斯立，道之斯行，绥之斯来，动之斯和。其生也荣，其死也哀，如之何其可及也？"

译文 Yiwen

陈子禽对子贡说："你是谦恭了，仲尼怎么能比你更贤良呢？"子贡说："君子的一句话就可以表现他的智识，一句话也可以表现他的不智，所以说话不可以不慎重。夫子的高不可及，正像天是不能够顺着梯子爬上去一样。夫子如果得国而为诸侯或得到采邑而为卿大夫，那就会像人们说的那样，教百姓立于礼，百姓就会立于礼，要引导百姓，百姓就会跟着走；安抚百姓，百姓就会归顺；动员百姓，百姓就会齐心协力。（夫子）活着是十分荣耀的，（夫子）死了是极其可惜的。我怎么能赶得上他呢？"

尧曰篇　第二十

本篇共三章，但前两章段落比较长。本篇中著名的文句有：“君子惠而不费，劳而不怨，欲而不贪，泰而不骄，威而不猛”；“宽则得众，信则民任”；“兴灭国，继绝世，举逸民”等。这一篇中，主要谈到尧禅让帝位给舜，舜禅让帝位给禹，即所谓三代的善政和孔子关于治理国家事务的基本要求。

20·1　尧曰：“咨！尔舜！天之历数在尔躬，允执其中。四海困穷，天禄永终。”舜亦以命禹。曰：“予小子履①，敢用玄牡②，敢昭告于皇皇后帝：有罪不敢赦。帝臣不蔽，简在帝心。朕躬有罪，无以万方；万方有罪，罪在朕③躬。”周有大赉，善人是富。“虽有周亲，不如仁人。百姓有过，在予一人。”谨权量④，审法度，修废官，四方之政行焉。兴灭国，继绝世，举逸民，天下之民归心焉。所重：民、食、丧、祭。宽则得众，信则民任焉。敏则有功，公则说。

注释 Zhushi

① 履：这是商汤的名字。

② 玄牡：玄，黑色谓玄。牡，公牛。

③ 朕：我。从秦始皇起，专用作帝王自称。

④ 权量：权，秤锤。指量轻重的标准。量，斗斛。指量容积的标准。

译文 Yiwen

尧说：“啧啧！你这位舜！上天的大命已经落在你的身上了。诚实地保持那中道吧！假如天下百姓都隐于困苦和贫穷，上天赐给你的禄位也就会永远终止。”舜也这样告诫过禹。（商汤）说：“我小子履谨用黑色的公牛来祭祀，向伟大的天帝祷告：有罪的人我不敢擅自赦免，天帝的臣仆我也不敢掩蔽，都由天帝的心来分辨、选择。我本人若有罪，不要牵连天下万方，天下万方若有罪，都归我一个人承担。”周朝大封诸侯，使善人都富贵起来。（周武王）说：“我虽然有至亲，不如有仁德之人。百姓有过错，都在我一人身上。”认真检查度量衡器，周密地制定法度，全国的政令就会通行了。恢复被灭亡了的国家，接续已经断绝了家族，提拔被遗落的人才，天下百姓就会真心归服了。所重视的四件事：人民、粮食、丧礼、祭祀。宽厚就能得到众人的拥护，诚信就能得到别人的任用，勤敏就能取得成绩，公平就会使百姓公平。

20 · 2 子张问孔子曰：“何如斯可以从政矣？”子曰：“尊五美，屏四恶，斯可以从政矣。”子张曰：“何谓五美？”子曰：“君子惠而不费，劳而不怨，欲而不贪，泰而不骄，威而不猛。”子张曰：“何谓惠而不费？”

子曰:“因民之所利而利之,斯不亦惠而不费乎?择可劳而劳之,又谁怨?欲仁而得仁,又焉贪?君子无众寡,无大小,无敢慢,斯不亦泰而不骄乎?君子正其衣冠,尊其瞻视,俨然人望而畏之,斯不亦威而不猛乎?”子张曰:“何谓四恶?”子曰:“不教而杀谓之虐;不戒视成谓之暴;慢令致期谓之贼;犹之与人也,出纳之吝谓之有司。”

译 文 Yiwen

子张问孔子说:“怎样才可以治理政事呢?”孔子说:“尊重五种美德,排除四种恶政,这样就可以治理政事了。”子张问:“五种美德是什么?”孔子说:“君子要给百姓以恩惠而自己却无所耗费;使百姓劳作而不使他们怨恨;要追求仁德而不贪图财利;庄重而不傲慢;威严而不凶猛。”子张说:“怎样叫要给百姓以恩惠而自己却无所耗费呢?”孔子说:“让百姓们去做对他们有利的事,这不就是对百姓有利而不掏自己的腰包嘛!选择可以让百姓劳作的时间和事情让百姓去做。这又有谁会怨恨呢?自己要追求仁德便得到了仁,又还有什么可贪的呢?君子对人,无论多少,势力大小,都不怠慢他们,这不就是庄重而不傲慢吗?君子衣冠整齐,目不斜视,使人见了就让人生敬畏之心,这不也是威严而不凶猛吗?”子张问:“什么叫四种恶政呢?”孔子说:“不经教化便加以杀戮叫作虐;不加告诫便要求成功叫作暴;不加监督而突然限期叫作贼,同样是给人财物,却出手吝啬,叫作小气。”

20 · 3 孔子曰:“不知命,无以为君子也;不知礼,无以立也;不知信,无以知人也。”

译 文 Yiwen

孔子说:“不懂得天命,就不能做君子;不知道礼仪,就不能立身处世;不善于分辨别人的话语,就不能真正了解他。”